Luca Holm

# Ich KACK mir die Welt, wie sie mir gefällt!

52 lustige Affirmationen und freche Weisheiten für ein Jahr voller Lachkrämpfe auf der Kloschüssel.

1. Auflage 2024

## Einführung

# Die hohe Kunst der Kakosophie

Willkommen, mein mutiger Kack-Philosoph, am Anfang einer spannenden Reise, die dich nicht nur zu deinem stillen Örtchen, sondern auch in die tiefsten Ecken deines Geistes bzw. Darms führt.

Dieses Buch ist kein gewöhnlicher Ratgeber – es ist ein Manifest für alle, die bereit sind, die wahre Kunst des Kackens zu erlernen.

Über **52 Wochen** hinweg wirst du erleben, wie der besch(iss)eidene Akt des Kackens zur Quelle von Weisheit, Humor und tiefgründiger Erleuchtung wird.

**Was erwartet dich?** Eine Reise durch die großen Denkschulen der Menschheit – alle liebevoll an das angepasst, was uns täglich drückt. Du wirst entdecken, wie Nietzsche dir hilft, mit Würde abzulassen, wie Konfuzius den Respekt vor der Klobürste lehrt und wie Sartre dir beibringt, dass echte Freiheit dort beginnt, wo du dich nicht mehr für deine stinkenden Fürze entschuldigst. Mit jedem Kapitel tauchst du tiefer ein in die hohe Kunst der Kakosophie – die Philosophie des Loslassens, des Neuanfangs und der befreienden Spülung.

Hier ist **kein Platz** für Scham oder Tabus. Denn auf dem Thron sind wir alle gleich – egal, ob Stoiker, Existenzialist oder Hedonist.

Dein Badezimmer wird zum **Tempel der Reflexion**, dein Porzellanthron zur Metapher des Lebens, und jedes Kapitel lädt dich ein, deine Welt ein Stück weniger beschissen zu machen. Also mach dich bereit für ein Jahr voller Gelächter, Erleichterungen und revolutionärer Kack-Momente.

Ein Jahr, das nicht nur deinen Darm, sondern auch deinen Geist von beschwerlichem Ballast vollkommen befreit. Willkommen in der hohen Schule der Kakosophie - möge die Weisheit des Kackens für immer dein Leben bereichern und das Lesen dieses Buches dir viele kurzweilige Stunden bescheren.

Bevor der gute Schiss beginnt...

## Pipipausenmeditation

**Setz dich hin** - am besten auf deinen Thron.
Nein, das hier ist kein gewöhnlicher Moment.
Das hier ist dein *heiligster* Moment.

**Atme tief ein** und stell dir vor, du bist ein Monarch, der über sein ehrwürdiges Porzellanreich regiert.

**Einatmen:** Majestät.
**Ausatmen:** Pobacken entspannen.

**Hör genau hin:** Der leise Furz, der wie ein quer sitzendes Oboen-Solo aus dir entweicht?

Das ist keine Peinlichkeit – das ist dein persönliches Symphonieorchester.

Der etwas kräftigere Geruch in der Luft?
Purer Abenteuergeist.

Du bist nicht bloß im Badezimmer – du bist der erleuchtete Dalai Lama des Drückens, der Mozart des Kackens, der Da Vinci des Dünnschisses.

Stell dir vor, wie Nietzsche auf seinem Thron grübelte:
**„Was mir nicht den Darm zerreißt, macht mich stärker."**

Oder wie Sartre die Klobürste betrachtete und dachte:
**„Die Hölle, das sind die anderen – vor allem, wenn sie braune Streifen hinterlassen."**

Genau hier, in deinem stillen Heiligtum, transformierst du Druck in Freiheit und Chaos in einen Fluss der Harmonie.

**Atme ein:** Lass den Druck aufsteigen.
**Atme aus:** Lass die Sorgen (und den Rest) los.

**Flüstere dir zu:** Ich bin der Michelangelo meiner Verdauung. Ich kacke nicht – ich erschaffe Meisterwerke.

**Du bist bereit.** Bereit für ein Jahr voller göttlicher Erleichterung, kunstvoller Klobürsten Bewegungen und erleuchteter Pobacken.

**Also los,** tapferer Thron-Philosoph – lass uns im kommenden Jahr ordentlich einen abdrücken - und zwar mit Stil!

Und los geht's

## Woche 1

**Affirmation der Woche**

„Jeder Spülgang ist für mich wie ein Neuanfang – sauber, frisch und sorgenfrei."

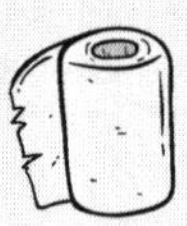

Weiter geht's mit dem Loslassen...

## Einmal „resetten“ bitte!

Ah, der Spülknopf – dieser magische „Reset“-Button des Lebens.

Diese Woche feiern wir ihn, diesen wundervollen Knopf, mit dem großen Potenzial. Du weißt schon, dieser eigentlich unscheinbare Knopf, der mit einem einzigen, befriedigenden Rauschen das Chaos des Tages ins Nirwana des Abflusses schickt.

**Stell dir vor**, du sitzt auf deinem weißen Porzellan-Thron und drückst ab: Sofort macht sich eine Welle der Erlösung breit – und **zack**! Ein Neuanfang, sauber und glanzvoll wie der erste Morgenstrahl.

**Doch der wahre Clou dabei?** Mit dem Wasser rauschen auch die kleinen Dramen des Tages in die Ferne!

- Diese peinliche Unterhaltung beim Mittagessen? **Schwupps, weg damit.**
- Die To-Do-Liste, die dich seit Tagen verfolgt? **In den Abfluss damit.**

Zen-Meister sprechen seit Jahrhunderten davon, den Geist „leer wie eine Schale“ zu machen. Aber mal ehrlich, manchmal ist der „Druck“ im Leben nicht spiritueller sondern – na ja – eher physiologischer Natur.

**Das macht nichts!** Ein Klick auf den Spülknopf, und das Leben fühlt sich sofort leichter an. Dieser Knopf ist dein Verbündeter auf der täglichen Reise zu mehr Gelassenheit und Ruhe, ein wahrer Guru des Augenblicks. Betrachte jedes Spülen fortan als ein kleines Ritual des Loslassens, denn jeder Spülgang erinnert uns daran, dass wir immer wieder neu anfangen können – leicht und frei.

Warum also nicht jedes **„Flush"** als kleinen Reset-Knopf für alle deine aktuellen Beschwernisse sehen?

Spüle einfach alles weg, was dir heute zu viel war.
**Drück den Knopf und lass den Scheiß endlich los!**

## Die Kack-Reflexion der Woche

Also:

Wenn du jetzt gleich die Spülung tätigst, welche seelischen **„Altlasten"** möchtest du wegspülen?

___________________________________

___________________________________

## Woche 2

**Affirmation der Woche**

„Ich sitze hier
wie ein Zen-Meister:
still, fokussiert und bereit,
loszulassen."

Und weiter geht's...

# Ich bin der Zen-Meister meines Klos!

## Das wahres Dojo des Geistes!

Willkommen in der zweiten Affirmations-Woche, in der wir unser Klo als wahres **Dojo des Geistes** zelebrieren!

**Stelle dir das so vor:** Du sitzt wie ein echter Zen-Meister auf deinem Porzellan-Thron, still und erleuchtet, voller Vorfreude auf den großen Kack-Moment. Dieser Augenblick, in dem alles zur Ruhe kommt, wenn du – ganz im Zen-Style – **nur im Hier und Jetzt** bist. Ein Moment der größten Glückseligkeit. Kein Handy, keine To-Do-Liste, kein Alltagsstress. Nur du und der sanfte Druck deines inneren Friedens.

Zen-Meister verbringen Jahre, um diesen Zustand völliger Ruhe zu erreichen. Betrachte die Augenblicke auf deinem Porzellanthron also als Geschenk.

**Denn sei mal ehrlich:** Es geht doch nichts über das göttliche „Loslassen" nach einem stressigen Tag!

Wenn du dich auf deinem stillen Örtchen niederlässt, spürst du sofort, wie das Gewicht des Alltags abfällt – ganz wortwörtlich.

Und genau wie im Zen geht es bei der hohen **Kunst des Kackens** um das Loslassen, um das Freisetzen von allem, was dich bedrückt.

**Schließe die Augen**, atme tief ein und aus und lenke deine Aufmerksamkeit auf den vielleicht besten Moment des Tages. Spüre die Ruhe, die in dir aufsteigt, und merke, wie der Alltagsstress einfach von dir abfließt. Das Geheimnis des Loslassens liegt in der Bereitschaft, den Moment zu akzeptieren, wie er ist – in all seiner gelassenen und (gelegentlich) duftenden Schönheit. Jedes Geräusch ist ein Zeichen deines Einklangs mit dir selbst. Dieser Augenblick auf dem Thron gehört nur dir – deine Bastion der Gelassenheit, ein Ort der Meditation, ein Moment des Loslassens in Perfektion.

**Und denk daran:** Man muss nicht in ein Kloster ziehen, um Zen-Meister zu werden. Es reicht ein stilles Örtchen und ein paar tiefenentspannte Minuten des Loslassens.

## Die Kack-Reflexion der Woche

Mal ehrlich:

Wie fühlt es sich an, ganz im Hier und Jetzt zu sein und dein persönliches **Kack-Nirvana** zu erreichen?

# Woche 3

Affirmation der Woche

„Ich lasse alles,
was mich (be)drückt, los –
ohne schlechtes Gewissen
und Bedauern."

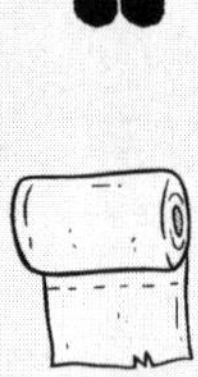

Ein neues Jahr beginnt...

## Lass täglich los, was dich (be)drückt!

Diese Woche geht's ums Loslassen – und zwar gründlich!

Im Zen-Buddhismus ist **„Loslassen“** der heilige Pfad zur Erleuchtung. Aber mal ehrlich: Wenn es ums stille Örtchen geht, ist das Loslassen weniger eine spirituelle Reise als eine Notwendigkeit des Lebens.

**Stell dir vor:** Du sitzt auf deinem Porzellanthron, genießt die Stille und einen Moment später ist er da, dieser herrliche Moment der Befreiung. Dein Körper entspannt sich, dein Geist wird ruhig – und voilà, da hast du sie, deine erste Lektion im Loslassen.

**„Ich lasse alles los, was mich (be)drückt.“**
Was für eine geniale Metapher fürs Leben!

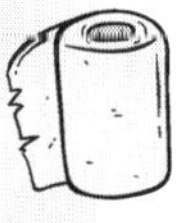

So wirst du zum Meister der Entspannung, zur wahren **Zen-Legende des Loslassens**.

Kein Platz für

- Zweifel,
- Bedauern oder
- Verdrängung.

Nur du und dein Wille, den Dingen ihren Lauf zu lassen.

In diesem **Moment des Friedens** spürst du, wie die Last von dir fällt. Ob es der Druck des Alltags ist oder ... nun ja ... ein anderer Druck – jetzt bist bereit, alles hinter dir zu lassen, was schwer auf dir liegt. Mach es doch mit allen Dingen in deinem Leben so.

Viel zu oft belasten uns Dinge, die wir am besten einfach Loslassen und in den Abfluss des Universums spülen.

## Die Kack-Reflexion der Woche

Butter bei die Fische:

Welche **Sorgen** in deinem Leben drücken dir aktuell total auf deinen Magen?

______________________________

______________________________

______________________________

# Woche 4

## Affirmation der Woche

„Das Leben ist wie eine Toilette: Manchmal muss man einfach mal abdrücken."

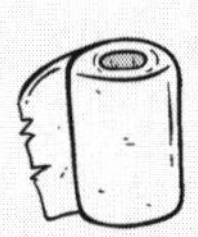

Ich mache immer weiter...

## Physisch und Psychisch abdrücken

Die ultimative Schule des Loslassens.

Manchmal kommt im Leben der Punkt, an dem es keine Ausflüchte mehr gibt. Du weißt genau, wovon ich rede.

Dieser Moment, wenn es einfach... sein muss. Ob du willst oder nicht, der Druck steigt und steigt und fordert eine klare Entscheidung: Entweder du lässt los oder du machst dir das Leben unnötig schwerer. So gesehen ist das Leben tatsächlich wie eine Toilette – gelegentlich muss man einfach mal „abdrücken" und loslassen, sonst wird es echt beschissen.

**Stell dir das vor:** Du bist erneut im Zwiegespräch mit dir selbst. Der innere Kritiker flüstert dir ein: „Vielleicht kannst du es noch aufschieben."

Aber du weißt es besser. Manchmal ist der direkte Weg einfach der effektivste Weg. Egal, ob es diese lange aufgeschobene E-Mail ist, die du schon lange beantworten wolltest, oder der Gedanke, dass dieser unaufgeräumte Kleiderschrank einen grundlegenden Befreiungsschlag benötigt – es gibt einfach Momente, in denen kein Aufschub mehr hilft.

Du musst abdrücken, dass es kracht!

Die Toilettenerfahrung wird so zur ultimativen Schule des Loslassens: Abdrücken und den Dingen ihren Lauf lassen, ohne sich umzudrehen.

Mach dir klar, dass jeder „Druck" im Leben – ob nun mental, emotional oder physisch – uns immer wieder zu einer wesentlichen Erkenntnis führt, nämlich:

**Lass los, und zwar jetzt!** Kein Festhalten, kein Zweifeln, nur das befriedigende Gefühl, endlich abzudrücken. Das Einzige, das bleibt, ist pure, unbeschwerte Leichtigkeit. Nutze die Woche, um in allen Lebensbereichen beherzt „abzudrücken", wenn der richtige Moment gekommen ist. Das Leben fühlt sich einfach leichter an, wenn du das abdrückst, was dich unnötig belastet.

## Die Kack-Reflexion der Woche

Los:

Was zögerst du aktuell hinaus, das eigentlich dringend **„abgedrückt"** werden müsste? Was hält dich auf?

# Woche 5

## Affirmation der Woche

”

**Sorgen kommen gar nicht erst an – ich spüle sie weg, bevor sie's überhaupt versuchen!**

“

Spül, Spül, Spül …

## Auf Nimmerwiedersehen!

### Abtauchen im Olymp des Loslassens

Willkommen in Woche 5, dem Olymp des Loslassens!

**Jetzt geht's richtig zur Sache:** Kein Stress, kein Gräuel, kein Alltagsmüll hat hier auch nur den Hauch einer Chance, dich zu belasten.

Diese Woche perfektionierst du das ultimative Ritual des Abtauchens - Sorgen und Probleme haben bei dir Endstation, und zwar wortwörtlich. Wenn dich etwas belastet, denkst du nicht zweimal nach. Du winkst, sagst fröhlich „Auf Nimmerwiedersehen!" und schickst alles mit einem feierlichen Spül Ritual in die unergründlichen Tiefen des Abwassersystems. Betrachte dich diese Woche als Großmeister des mentalen Kloputzens! Während andere meditieren, um loszulassen, brauchst du nur einen wohl dosierten Handgriff.

**Dein Werkzeug für innere Balance?**
Die mächtige Klospülung.

Sorgen über den morgigen Tag? Ein nerviger Chef, der bedrohlich wie ein Endgegner täglich auf dich wartet? Unwichtig. Diese Woche wird nicht gegrübelt, sondern konsequent heruntergespült! Erhebe dich nach jedem

Thron Moment ein kleines bisschen erleichterter, ein kleines bisschen gelassener – schließlich reinigst du nicht nur deinen Geist, sondern schickst ihn durch die heiligen Abflussriten in das Nirwana der Leichtigkeit.

Vergiss die teuren Entgiftungskuren und inspirierenden Morgenmeditationen. Dein Badezimmer ist dein Wellness-Tempel, und deine Spülung die beste Detox-Kur, die es gibt.

Sorgen, die dir im Kopf herumspuken, Kummer, der dir die Laune verdirbt? **Nichts davon wird bleiben. Also ab damit.**

**Und denk an die altbekannte buddhistische Weisheit:**
In jenem Augenblick, in dem das Wasser zu rauschen beginnt, steigt deine Seele auf wie ein Kranich, der in die unendliche Weite des Universums entschwebt (oder wie eine Ente, die in die Scheiße des Kanals hinabtaucht – suche es dir aus).

## Die Kack-Reflexion der Woche

Stelle dir vor, du hast die Macht, jede nervige Person direkt in die Klospülung des Lebens zu schicken.

Wer wäre dein erster Kandidat für den **Spülgang der Erlösung**, und mit welchem feierlichen Satz würdest du ihn verabschieden?

________________________________________

________________________________________

## Woche 6

**Affirmation der Woche**

„Was auch immer heute schief geht, bei mir läufts immer wie geschmiert – und wenn nicht, dann spüle ich eben nach.“

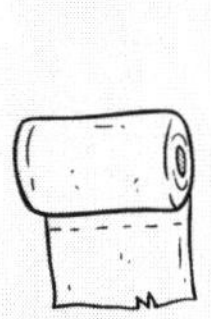

Und weiter geht's...

## Der Buddha auf der Kloschüssel

### Gelassenheit und fließende Weisheit

Diese Woche bist du der Buddha auf der Kloschüssel – der Meister des Kack-Karmas! Stoische Gelassenheit trifft auf fließende Weisheit.

- Draußen brennt die Hütte?
- Deine Liebste oder dein Liebster nerven schon wieder?
- Der Kollege labert mal wieder in Endlosschleife?

Tja, du bleibst cool auf deinem runden Porzellan-Thron, als wäre das Drama der Welt nur ein plätscherndes Geräusch im Abfluss deines Lebens. Deine Toilette ist dein Tempel und das leise Gluckern im Siphon dein Meditationsgong. Die alten Philosophen Epiktet oder Seneca würden dich bewundern:

> Was schwer auf dir lastet, das flutscht diese Woche **locker runter** und geht ein in den ewigen Kreislauf der Kanalisation.

**Dein Mantra für diese Woche?** „Fließen lassen" – egal ob es der Bürostress ist, das Drama zu Hause oder dein innerer Teufel, der dich schon wieder provoziert. Denn der wahre Stoiker regt sich nicht auf.

Er weiß, dass manche Dinge einfach heraus müssen, ansonsten beginnen sie einen schwer zu belasten.

Betrachte dein stilles Örtchen als heiligen Tempel der Gelassenheit, ein Ort der Ruhe und Ordnung.

Diese Woche behältst du deine Coolness und wirst zum Seneca der hohen Klospül-Philosophie, die da lautet: **„Ihr könnt mir alle den Arsch abwischen!“**

**Also, vergiss nicht:** Ein wahrer Stoiker spart sich die freudlosen Dramen – und das Klopapier. Und falls heute doch was hängen bleibt, denk dran: Für alles im Leben gibt es einen zweiten Spülgang.

## Die Kack-Reflexion der Woche

Sei ehrlich:

Wenn du jede nervige Situation einfach ‚runterspülen‘ könntest – welche **drei Dramen** dieser Woche würdest du gerne stoisch in den Abfluss des Universums schicken?

# Woche 7

Affirmation der Woche

”

**Ich sitze fest im Leben – und das ist genau der richtige Moment, alles loszulassen.**

“

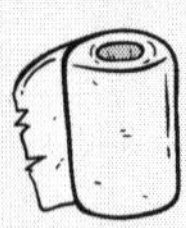

Fest im Sattel sitzen…

## Die hohe Kunst des Sitzens

Ich finde die Freiheit,
was mir auf der Seele lastet.

Diese Woche geht es um die hohe Kunst des Sitzens und Loslassens.

Willkommen im Zen-Zustand der „festen Sitzhaftigkeit“: Hier sitzt du felsenfest auf deinem Porzellanthron und findest genau dadurch endlich die Freiheit, alles abzugeben, was dir auf der Seele – oder woanders – lastet. Du bist vollkommen im Hier und Jetzt verankert, geerdet auf deinem stillen Örtchen, während draußen die Welt wieder einmal verrücktspielt. Der ganze Mist bleibt einfach vor der Klotür stehen.

**Stell dir vor**, der Existenzialist Jean-Paul Sartre würde dich beobachten – natürlich aus sicherem Abstand! Er würde dir wahrscheinlich respektvoll zunicken, während du auf deinem Thron sitzt und deine neue Freiheit entdeckst:

Du bist hier, mitten im Hier und Jetzt, bombenfest auf deinem Porzellanthron. Kein Entrinnen, kein Vorwärtskommen, einfach… **fest.**

Aber genau das ist der perfekte Moment, den alten Ballast abzuwerfen, den ganzen seelischen Scheiß, der sich so lange angestaut hat. Wenn du schon festsitzt, dann mach es doch mit Stil! Dieser Thron ist kein Gefängnis, sondern der ultimative Ort der Erneuerung.

Steckst du fest in deinem Leben? **Prima!**
Dann gibt es keinen besseren Moment, um richtig abzulassen und dir den Weg nach vorn freizuspülen.

Der Druck der Vergangenheit? **Ab in den Abfluss.**

Die Sorgen, die dich beschweren? Einfach loswerden, mit einem tiefen Atemzug und einem befreienden Plopp.

Jetzt kann dich nichts mehr aufhalten!

## Die Kack-Reflexion der Woche

*Du sitzt gerade fest – im Leben und auf dem Thron.*

Wenn du heute den ganzen Kram, der dich **blockiert**, endlich loslassen könntest, was würdest du zuerst runterspülen, um wieder voranzukommen?

## Woche 8

**Affirmation der Woche**

„Kein Problem
ist so groß, dass ich es
nicht lösen kann."

*Mit Geduld funktioniert alles…*

## Ich bin ein unerschrockener Held!

Ich bezwinge alles mit ruhiger Entschlossenheit.

**Diese Woche wird episch!**
Du sitzt auf deinem Porzellanthron und bist ein unerschrockener Held, der jedes Problem mit der Gelassenheit eines antiken Meisters angeht.

Du bist wie ein moderner Herakles, der jede Sorge wie eine riesige Hydra bezwingt. Jeder Kopf des Ungetüms, der immer wieder auftaucht – sei es ein lästiger Termin, ein nerviger Arbeitskollege oder die Frage, wie viel Klopapier eigentlich noch im Haus ist – bezwingst du mit ruhiger Entschlossenheit. Wie Herakles die Hydra, so konfrontierst du diese Probleme direkt und mit einem Lächeln.

Denn auf deinem Thron bist du mächtiger als jeder antike Held! Kein Problem ist zu groß, um nicht durch deine meisterliche Spülung in den ewigen Abfluss des Hades befördert zu werden. Dein stilles Örtchen wird zur Arena, und du der unerschrockene Gladiator, der jedes Hindernis mit einem lässigen Lächeln auflöst.

Nimm dir einen Moment Zeit und spüre deine Macht in deinen Händen – ja, du bist der absolute Herrscher über dein kleines **Porzellan-Imperium**. Auf deinem Thron wird selbst das größte Drama zum bloßen Klacks, ein kleiner, lächerlicher Kacke-Haufen.

**Bereits die alten Philosophen wussten:**
Die größten Probleme lösen sich, wenn man sie mit dem nötigen Abstand betrachtet. Und was könnte diesen Abstand besser verkörpern als der herrliche Moment, wenn du den Spülknopf mit tiefer Befriedigung betätigst?

Hasta la vista baby!

## Die Kack-Reflexion der Woche

Stell dir vor, jeder Kopf der Hydra steht für ein lästiges Problem.

Wie viele Spülgänge bräuchtest du, um alle kleinen und großen Nervensägen der Woche dem Kanal zu übergeben? Und welcher nervige **Hydra-Kopf** muss unbedingt als Erstes daran glauben?

___

___

___

## Woche 9

**Affirmation der Woche**

„Ich feiere jeden Kack-Moment, denn er ist ein Beweis meiner Stärke und Ausdauer.“

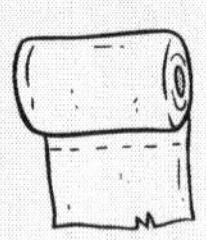

Ausdauernd lebt sich gut …

## Tschüss ihr lieben „Kack-Momente“!

### Pure Willenskraft, pures Durchhaltevermögen

Diese Woche wird’s feierlich, Mädels und Jungs! Wir heben das Glas – oder besser gesagt, den Klodeckel – auf die Kunst des Abdrückens in seiner schönsten Form.

**Ja, richtig gelesen!** Es geht um die „Kack-Momente“, die uns täglich zeigen, was wir wirklich drauf haben.

Albert Camus kann uns mal mit seinem Sisyphos – der hätte etwas gelernt, wenn er gelegentlich loslassen könnte wie wir! Während er da oben auf seinem Berg festhängt, kannst du jederzeit deine Sorgen entspannt loslassen.

**Stell dir den „Kack-Moment“ als deinen ganz persönlichen „Heldenmoment“ vor:** Du sitzt da, mitten in der Action, und bereitest dich auf den nächsten großen Abgang vor. Das ist nicht bloß ein stilles Örtchen, das ist deine Arena. Und in dieser stillen Feier des Loslassens beweist du, dass du eine echte Heldin oder ein echter Held des Alltags bist. Stark nicht, weil du festhältst – sondern weil du endlich alles rauslässt! Das ist pure Willenskraft, das ist Durchhaltevermögen, das ist deine Power auf Porzellan.

Jedes Mal, wenn du diese Woche deinen Thron besteigst, nimmst du dir einen Moment Zeit, um **stolz** auf dich zu sein. Hier, in diesem kurzen, ehrlichen „Kack-Moment“,

**weißt du:** Es braucht Mut, es braucht Ausdauer, und es braucht einen richtig guten Spülknopf.

**Also, hoch die Klobrille und denk dran:**

Stärke muss nicht immer laut sein.

Manchmal reicht es, tief durchzuatmen, die Arschbacken zu entspannen, um alles Belastende loszuwerden.

**Und wenn das Wasser gluckert, dann weißt du:** Das war wieder ein heldenhafter Augenblick, in dem du erneut ein kleines Stück Freiheit und Gelassenheit errungen hast.

## Die Kack-Reflexion der Woche

Also:

Welcher **„Kack-Moment“**
diese Woche hat dir gezeigt,
dass du stark genug bist, alles loszulassen
– und zwar ohne zu zögern?

# Woche 10

## Affirmation der Woche

”

**Der große Erfolg kommt, wenn ich es locker lasse!**

“

Den Erfolg k(n)acken...

## Der Tao-Meister des Badezimmers

Die absolute Weisheit
des Erfolgs.

Willkommen zur Woche, in der wir endlich die Weisheit des Erfolgs auf dem stillen Örtchen k(n)acken: **Lockerheit! Klingt simpel, oder?** Aber das „Locker-lassen" ist eine hohe Kunst, die die meisten bisher nicht gemeistert haben.

Diese Woche machen wir dich zum Tao-Meister deines Badezimmers – mit dem uralten Prinzip **„Wu Wei"**, was so viel heißt wie **„Lass das mit dem Verkrampfen!"**

Hätte Laozi je auf einem modernen Klo gesessen, hätte er gesagt: **„Wer locker lässt, dem liegt die Welt zu Füßen!"** Wenn das bei ihm funktioniert hat, warum dann nicht auch bei dir?

**Also stell dir vor:** Du gehst ohne große Erwartungen auf deinen Thron. Kein Zwang, kein Druck – du lehnst dich gemütlich zurück und lässt die Dinge einfach fließen. Das ist pure Magie! Alles passiert sanft und geschmeidig, ganz ohne Krampf und Druck. Plötzlich spürst du, was es bedeutet, das Leben einfach laufen zu lassen. Kein Stress, kein Drama. Einfach loslassen und beobachten, wie alles freu und unbeschwert wird. Und pass auf – das funktioniert nicht nur auf der Toilette! Der wahre Erfolg im Leben beginnt da, wo du locker lässt, was du ohnehin nicht kontrollieren kannst.

Diese Woche wirst du zum Zen-Meister deines Universums und erkennst auf deinem Thron, dass Loslassen oft der erste Schritt zum Sieg ist – ob bei den Kindern, in der Arbeit oder beim nächsten Klogang. Diese Woche lernst du, dass der wahre Erfolg sich dann einstellt, wenn du es locker nimmst und dem Ganzen seinen freien Lauf lässt. Lass das goldene Tao sanft zwischen deinen Backen fließen und zelebriere das Loslassen als ultimative Kunst. So wird jedes Hindernis, ob im Kopf oder im Bauch, zum Klacks, der sich einfach verflüchtigt.

**Erfolg?** Der fängt da an, wo du den Druck ablässt und entspannt deinem Flow folgst.

**Das Motto dieser Woche:** Wenn es kommt, dann kommt es – und genau das ist wahre Meisterschaft im Kack-Karma!

## Die Kack-Reflexion der Woche

Weg mit den Erfolgsblockern:

Was **hindert** dich eigentlich daran, einfach mal locker zu bleiben und die Dinge laufen zu lassen?

# Woche 11

## Affirmation der Woche

”

**Ich entscheide mich für Leichtigkeit – loslassen, abspülen und erleichtert vorwärtsgehen.**

“

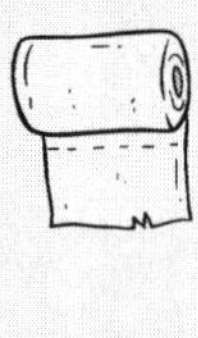

Der Neuanfang findet mich...

## Frische auf den Porzellanthron

Der Kreislauf des Lebens
beginnt am Klo.

**Stell dir vor**, du bist ein moderner Phönix – aber statt aus der Asche aufzuerstehen, steigst du frisch vom Porzellanthron empor, leicht und unbeschwert wie nie!

In dieser Woche geht es um das buddhistische Konzept von **„Samsara"**, dem Kreislauf des Lebens und Leidens. Samsara besagt, dass wir immer wieder an etwas hängen bleiben und dann loslassen müssen, bis wir Erleuchtung finden.

**Und rate mal, wo du das bestens üben kannst?**
Richtig, auf deinem stillen Örtchen!

Hier beginnt alles mit einem einfachen
**„Ich lasse jetzt mal richtig los!"**

In deinem heiligen Mini-Tempel des Loslassens merkst du, wie die Last des Tages einfach von dir abfällt und vorüberzieht – und das ist das wahre Zen.

**Dann kommt der Moment:** Deine Pobacken glühen, du drückst ab, hörst das beruhigende Rauschen, und BÄM – wie neu geboren! Genau hier und jetzt, bei jedem Drücken und Spülen, erlebst du den Kreislauf des Lebens.

Das ist Buddhismus in Reinform! Also, nimm dir für diese Woche vor, mit jedem Spülgang bewusst in diesen heiligen Kack-Kreislauf einzutauchen und dich von allem Mist zu befreien, der dich herunterzieht – mental und körperlich. Jede Sitzung auf deinem Thron ist ein Neuanfang.

Lass dich vom Rauschen deines **„Klosmara“** erheben, wie der Phönix. Oder zumindest wie der frische Geruch, nachdem du die Spülung betätigst und das Fenster geöffnet hast. Und wenn das Leben morgen wieder seine kleinen und großen Dramen für dich bereithält, **denk dran:**

Alles im Leben ist ein **Kreislauf** und du bestimmst, was heruntergespült wird und was nicht.

## Die Kack-Reflexion der Woche

Los geht's:

Welche wiederkehrenden **Gedanken oder Probleme** halten dich fest und kleben an dir, wie ein lästiges Stück Klopapier an deiner Pobacke?

# Woche 12

## Affirmation der Woche

”

**Ich bin der Zen-Meister des Kackens – entspannt, ruhig und vollkommen im Moment.**

“

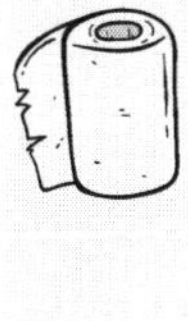

Den Erfolg k(n)acken...

## Der Tao-Meister des Badezimmers

Die absolute Weisheit
des Erfolgs.

Diese Woche wird's spirituell – und zwar bis zum stillen Örtchen! Willkommen auf deinem Weg zum erleuchteten Zen-Meister des Kackens. **Ja, du hast richtig gehört.**

Wir steigen tief in die uralten Lehren des Zen-Buddhismus ein, und nein, dabei geht's nicht um stundenlange Meditation auf einem Berg, sondern um die ultimative Meisterschaft auf deinem Porzellanthron.

**Das Geheimnis?** Beim Kacken im Moment sein, ohne Wenn und Aber. Kein Hadern mit der Vergangenheit (dieser eine Döner mit Chili zu viel) und keine Angst vor der Zukunft (ob du noch genügend Klopapier hast) – einfach ganz im Hier und Jetzt sein.

Der Zen-Meister lässt sich nicht von äußeren Umständen ablenken. Er sitzt, fokussiert auf den Moment, eins mit der Stille und in vollkommener Harmonie mit sich selbst. **Stell dir das vor:** Du marschierst auf deinen Thron, lässt alle Sorgen draußen, und nimmst Platz mit der Gelassenheit eines uralten Zen-Meisters.

**Deine Gedanken?** Ruhig wie ein stiller Bergsee.
**Dein Körper?** Entspannt wie ein Bambus im Wind.

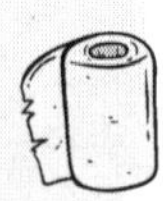

Jeder Atemzug bringt dich tiefer in den Zustand der „Leichtigkeit des Seins". Du bist eins mit deinem Thron und mit deinem eigenen, inneren Flow.

In dieser Woche üben wir das „Wu-Wei" – das Prinzip des „Nichts-Tuns". Das bedeutet natürlich nicht, dass du nichts tun sollst, sondern dass du ganz im Einklang mit dir selbst handelst und deinem Körper erlaubst, ohne Druck und Zwang zu agieren. **Das Ergebnis?** Ein perfekter Flow, ein wahrhaftiges Meisterwerk des Loslassens. Du wirst zum Zen-Meister des Klos, und nichts, wirklich gar nichts, kann dich aus dieser Ruhe bringen.

Also, atme tief ein, setze dich in der Ruhe deines persönlichen Tempels und werde eins mit dem Moment. Keine Gedanken, kein Druck – nur du und die Gelassenheit des Zen. Du bist der Zen-Meister des Kackens, vollkommen im Einklang und absolut im Moment. **Möge dein Geist so klar und ruhig sein wie das Wasser nach dem Spülen!**

## Die Kack-Reflexion der Woche

Weg mit den Erfolgsblockern:

Wie fühlt es sich an, **frei**, unbeschwert und ganz im Moment zu sein?

# Woche 13

## Affirmation der Woche

”

**Meine Schöpfungen mögen vergänglich sein, aber mein Selbstvertrauen bleibt unerschütterlich.**

“

Eine legendäre Sitzung...

## Frische auf den Porzellanthron

Der Kreislauf des Lebens
beginnt am Klo.

Lass uns diese Woche mal richtig stoisch werden – aber natürlich mit dem Klo-Twist!

Willkommen beim antiken Konzept des **„Memento Mori“**, der glorreichen Erinnerung daran, dass nichts für die Ewigkeit ist. Selbst du, auf deinem Porzellanthron, bist nur ein winziges Sandkörnchen im großen Abfluss der Geschichte. Die Stoiker, besonders Marcus Aurelius, hätten dir also zugerufen: **„Denk dran, dass du sterblich bist!“**

Oder, um es mit unserer Klo-Philosophie zu sagen:
**Denk daran, dass auch deine beste Sitzung einmal endet.**

Also, stell dir vor, du bist der Kaiser höchstpersönlich, majestätisch auf deinem stillen Thron. Während du dein Werk dem Rauschen des Lebens übergibst, wird dir eine **tiefere Wahrheit klar:**

Alles löst sich eines Tages auf und wird wie dein größter Haufen vom Wasser mitgerissen jedes Problem, jeder Erfolg, jedes unvergessliche Klo-Erlebnis.

Aber eins bleibt dir immer: die stoische Gelassenheit, dass du dein Bestes gegeben hast und am Ende mit Würde loslässt. Dein glorreicher „Memento Mori“-Moment – dir bleibt nur ein wissendes Lächeln, denn du weißt, dass alles vergänglich ist, auch deine größten Werke.

In dieser Woche lernst du, dich bei deiner Sitzung entspannt zurückzulehnen und das Leben mit Humor zu nehmen. Also, wenn du das nächste Mal den Spülknopf betätigst, **denk dran:**

**Nichts bleibt für die Ewigkeit** – außer vielleicht die Erinnerung an diese legendäre Sitzung!

## Die Kack-Reflexion der Woche

Wie würde es dein Leben **positiv verändern**, wenn du wüsstest, dass selbst die größten Dramen und nervigsten Probleme, genauso wie dieser Moment, irgendwann den Abfluss landen?

Würdest du vielleicht gelassener leben und mehr schmunzeln, selbst im größten Chaos?

______________________________

______________________________

______________________________

# Woche 14

Affirmation der Woche

”

**Lass es los, so wie der Wind die Wolken weiterzieht. In dieser Woche lasse ich komplett locker**

“

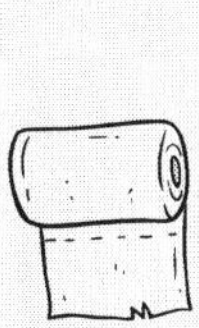

Locker wolkig...

## Der alte Stoiker in mir.

Das Leben ist viel
zu kurz...

Diese Woche geht es um die **Meisterschaft der Leichtigkeit**.

Wir sprechen von der königlichen Kunst, alles, was drückt, blubbert und nervt, einfach abzudrücken, und zwar mit einem großen Knall!

Epikur, der alte Philosoph, hätte dir sicher geraten:

„Genieße das Leben wie einen lauen Furz - leicht, unbeschwert und vollkommen stressfrei!"

Und genau das machst du diese Woche. Du sitzt auf deinem Porzellanthron und lässt deine Sorgen einfach fließen. Alles, was dich bedrückt, bläst du lässig in den Abfluss.

**Der Trick?**
Kein Zwang, kein Verkrampfen - nur pures Loslassen.

**Die Weisheit dieser Woche ist simpel:** Deine Sorgen sind wie halb verdaute Bohnen - sie müssen raus, sonst machen sie nur Ärger.

Marcus Aurelius hat vielleicht nie ausdrücklich über die Kunst des Kackens geschrieben, aber glaub mir, der alte Stoiker hätte genau hier applaudiert.

**„Alles ist vergänglich"**, hätte er gesagt – und ja, das gilt auch für den Moment, wenn du endlich locker lässt und merkst: **Das Leben ist viel zu kurz**, um schwere Gedanken und Sorgen mit dir herumzuschleppen.

Also nimm dir diese Woche vor, die Welt und deine Probleme nicht so ernst zu nehmen. Scheiß auf alles, was dir zu viel wird!

## Die Kack-Reflexion der Woche

Welche **nervigen Gedanken** liegen dir ständig im Magen wie ein unverdautes Chili con Carne?

Und wie würdest du dich fühlen, wenn du sie mit einem lauten Knall einfach abkacken würdest?

______________________________

______________________________

______________________________

## Woche 15

**Affirmation der Woche**

„

# Ich bin der Buddha der Toilette – ruhig, gelassen und mit meinem Körper im Einklang.

“

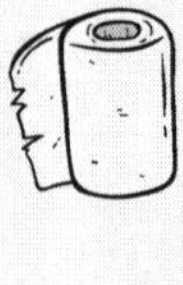

*Alles fließt reibungslos…*

# Der Lauf der Natur

## Ein harmonisches Ensemble meines Körpers

Willkommen zur Woche, in der du endgültig zum erleuchteten Zen-Meister des Badezimmers wirst! Kein Lotus-Sitz, kein Mönchgewand – nur du, dein Porzellanthron und die unerschütterliche Ruhe, die nur ein wahrer Klo-Buddha ausstrahlen kann. **Warum? Weil du es geschnallt hast:** Erleuchtung beginnt genau hier, wo Körper und Geist in Harmonie fließen – und wenn du Glück hast, fließt es diesmal auch wortwörtlich reibungslos.

Stell dir vor, Laozi, der alte Tao-Meister, würde einen Blick in deinen stillen Tempel werfen. Er würde begeistert nicken und murmeln: **„Ja, das ist es! Das perfekte Wu Wei!“** (was übrigens so viel heißt wie „Mach nichts und lass die Dinge laufen“ – passt, oder?). Kein Stress, kein Zwang, keine Kämpfe – nur du, der Thron und der unaufhaltsame Lauf der Natur. In diesem Moment bist du nicht bloß jemand, der seinem Geschäft nachgeht. Du bist der verkackte Dalai Lama des Klos, vollkommen eins mit dem großen Kack-Tao. Hier geht's nicht um Schnelligkeit, sondern um Frieden.

**Dein Atem?** Tief wie das Meer. Deine Gedanken? Klar wie eine frisch geschruppte Kloschüssel. Dein Körper? Ein harmonisches Ensemble, das sanft dahinbrummt wie eine gut geölte Klospülung. Du bist kein bloßer Toilettengänger

– du bist ein spiritueller Leuchtturm, der sich seinen Weg durch die Wellen des Lebens bahnt, ohne dabei auch nur eine Pobacke zu verkrampfen.

Diese Woche heißt es: **Meistern wir das „Kack-Tao"!**

Der Trick ist, den Fluss zuzulassen – und das nicht nur physisch. Sorgen, Stress, diese peinlichen Alltagspatzer, über die du immer noch grübelst? Ab damit! Alles gehört in den Abfluss, wo es leise gluckert und nie wieder gesehen wird. Sei der Buddha der Toilette. Sei der Meister des Loslassens. Und wenn irgendjemand fragt, was du diese Woche erreicht hast, sag einfach: „Ich habe Erleuchtung gefunden – auf dem Porzellanthron, wo Körper, Geist und Spülung eins geworden sind!

## Die Kack-Reflexion der Woche

In dieser Woche meisterst du dein Kack-Tao.

Welche **Sorgen und peinlichen Alltagspatzer** wirst du mit einem friedvollen Plopp ins Nirwana des Abflusses schicken?

______________________________

______________________________

______________________________

## Woche 16

**Affirmation der Woche**

”

# Ich feiere meine natürliche Balance – festhalten, loslassen und weitermachen. So einfach. So befriedigend.

“

Der perfekte Rythmus...

## Der ultimative „Flow-Starter“

Ich bringe mein Leben in Bewegung.

Willkommen in einer Woche, die dem perfekten Rhythmus des Lebens gewidmet ist: erst festhalten, dann loslassen und am Ende so leicht sein, dass du dich fühlst wie ein Ballon mit Helium im Hintern. Diese einfache Weisheit wurde nicht nur von Philosophen und Dichtern, sondern vermutlich auch von Hausmeistern und Klempnern verehrt – **weil sie zeigt: Das Leben ist ein Kreislauf.** Yin und Yang, geben und nehmen, Vollkornbrötchen und der befreiende Spülknopf – alles ist miteinander verbunden.

**Und du?** Du bist mittendrin in diesem göttlichen Gleichgewicht, direkt auf deinem Porzellanthron, der heimlichen Schaltzentrale des Universums. Vergiss komplizierte Meditationstechniken oder teure Retreats. Du brauchst keinen Yogaguru, um Erleuchtung zu finden – dein Badezimmer reicht vollkommen aus.

Dein Thron ist kein gewöhnlicher Sitz, sondern der heilige Ort, an dem du die uralte **Kunst des Gleichgewichts** meisterst: erst halten, dann warten, bis der Druck perfekt ist, und schließlich loslassen – wie ein Zen-Meister, der die hohe Kunst des Abkackens perfektioniert hat. Jeder Toilettengang wird so zum Meisterwerk der Balance, einem harmonischen Tango zwischen Halten und Befreien.

**Und wenn alles fließt, bleibt nur noch eines:** das zufriedene Lächeln eines Menschen, der weiß, wie man das Leben meistert.

Der griechische Philosoph Heraklit sagte: **„Alles fließt.“** Gut gesagt, Heraklit, aber wahrscheinlich wusste er nicht, wie es sich anfühlt, wenn mal ***nichts*** fließt. Doch keine Sorge, dein Finger auf dem Spülknopf wird zum ultimativen „Flow-Starter“, und mit einem sanften Druck bringst du nicht nur das Wasser, sondern auch dein Leben in Bewegung.

**Genau darum geht es in dieser Woche:** den Kreislauf von Festhalten, Loslassen und Weitermachen zu feiern – in seiner einfachsten und herrlichsten Form. Es ist nicht nur ein Ritual, das dich leichter macht, sondern auch eine Erinnerung daran, wie befriedigend es sein kann, einfach im Flow zu bleiben. So simpel. So elegant. So verdammt befreiend.

## Die Kack-Reflexion der Woche

Wenn dein Leben gerade ins Stocken geraten ist, welche **kleinen Blockaden** – ob alter Döner oder schlechte Gewohnheiten – kannst du lösen, um wieder in den Flow zu kommen?

________________________________________

________________________________________

# Woche 17

**Affirmation der Woche**

”

Selbst der größte Druck
kann mich nicht bremsen -
ich finde immer einen Weg
ihn loszulassen.

“

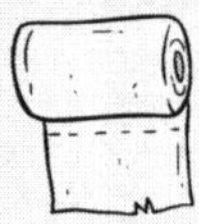

Den Druck biegen...

## Der Lauf der Natur

### Ein harmonisches Ensemble meines Körpers

Willkommen in der Woche, in der wir dem Druck die Stirn bieten – innerlich, äußerlich und, na ja, manchmal auch mittendrin. **Lass uns ehrlich sein:** Druck gehört zum Leben, wie Klopapier ins Badezimmer. Ob es die Frist vom Chef ist, die nervige Steuerforderung oder der Moment, in dem du panisch nach der nächsten Toilette suchst, weil der doppelte Espresso einfach zu viel war – Druck ist da. Immer. Aber keine Sorge, in dieser Woche lernst du, wie du ihn souverän von dir abperlen lässt.

**Stell dir vor, du bist wie ein Fluss:** kraftvoll, unaufhaltsam und immer in Bewegung. Das ist das „Hydra-Flow-Prinzip", Baby! Der Fluss kann nicht aufgehalten werden – er bahnt sich immer seinen Weg, egal, wie viele Steine im Weg liegen. Manchmal fließt er geschmeidig drumherum, manchmal bricht er donnernd durch. Und genauso machst du es auch! Wenn der Druck ansteigt, blockierst du nicht, sondern du wirst erfinderisch.

Dein stilles Örtchen wird zum Epizentrum deiner Zen Meisterschaft: Du sitzt da, spürst den Druck (ja, auch den) und merkst, dass du ihn nutzen kannst. Druck ist keine Bedrohung, sondern eine Energie, die darauf wartet, freigesetzt und transformiert zu werden.

**Und mal ehrlich:** Gibt es ein besseres Gefühl, als wenn du genau das tust? Dieses befreiende, herrliche Loslassen. Das ist der Moment, in dem der Druck zur besten Inspiration wird. Ich weiß nicht, welcher Philosoph gesagt hat: „Der Widerstand macht den Fluss stärker". Vielleicht habe ich mir das auch nur ausgedacht, aber hey – es klingt verdammt weise, oder?

**Diese Woche gilt:** Wenn der Druck steigt, ob im Alltag oder auf dem Porzellanthron, dann erinnere dich daran, dass du wie der Fluß bist. Alles, was dich blockiert, wird eines Tages weggespült – entweder sanft oder mit der donnernden Wucht eines Wasserfalls. Turbulenzen? Gehören dazu. Aber am Ende fließt immer alles dorthin, wo es hingehört. Also denke immer daran: Auch der größte Druck wird einmal von einem befreienden Plopp abgelöst – und dann läuft es wieder!

## Die Kack-Reflexion der Woche

Wie gehst du mit Situationen um, in denen der Druck scheinbar zu groß wird – kämpfst du dagegen an oder findest du **kreative Wege**, ihn elegant abfließen zu lassen?

# Woche 18

## Affirmation der Woche

„Jeder meiner Toilettenbesuche ist wie eine Kurzreise ins Kack-Nirvana.“

Befreiende Urlaubszeit...

## Die Welt draußen lassen.

Keine halben Sachen.

Diese Woche feiern wir den wahrscheinlich besten Kurzurlaub der Welt: **deinen Klogang!**

Kein teures Flugticket, kein nerviges Kofferpacken, keine überfüllten Züge – nur du, dein Porzellanthron und ein Moment absoluter Entspannung. Hier beginnt dein persönliches Wellness-Ritual. Andere hetzen zur Toilette, du machst daraus eine spirituelle Meisterklasse. Willkommen in deinem eigenen Kack-Nirvana, der stoischen Ruheoase deines Alltags!

**Stell's dir vor:** Jedes Mal, wenn du die Badezimmertür hinter dir schließt, verlässt du den Irrsinn da draußen und trittst ein in dein Reich der Stille und Gelassenheit. Keine nervigen Kollegen, keine schreienden Kinder, kein Stress. Alles bleibt vor der Tür. Hier drin bist du der Dalai Lama des Loslassens!

**Dein Klopapier?** Dein heiliges Manuskript der Erleuchtung. Und wenn jemand klopft? Einfach ignorieren – du bist auf einer Reise, und Reisende hält man nicht zurück.

Klar, der Buddhismus spricht von „Erleuchtung" – aber mal ehrlich, wo findest du die einfacher als hier? Ein kurzer Moment, ein bisschen Druckabbau, und schon gleitest du ins Zen. Du bist wie ein erhabener Zen-Reisender, der zwischen Weltuntergangsstimmung und Spülknopf den Weg zur Gelassenheit findet.

Klar, die Reise dauert nicht lange, aber sie gibt dir alles, was du benötigst: Freiheit, Leichtigkeit und ein zufriedenes Grinsen, wenn du den Raum wieder verlässt.

**Also, ab sofort:** keine halben Sachen. Dein Klogang ist nicht einfach nur ein Pflichtprogramm – es ist deine persönliche Mini-Auszeit.

Mach es dir bequem, nimm dir die Zeit und genieße diesen herrlichen Moment. **Die Welt da draußen wartet auf dich?** Lass sie ruhig warten. Schließ die Tür, atme tief durch (okay, vielleicht nicht zu tief) und lass alles los – sowohl den Stress als auch... na ja, den Rest. Denn am Ende ist jede Reise ins Kack-Nirvana nur einen Spülknopf entfernt.

## Die Kack-Reflexion der Woche

Wenn dein Klogang ein Kurzurlaub ist, welche **Gedanken, Sorgen oder Nervensägen** würdest du liebend gern vor der Badezimmertür stehen lassen?

______________________________

______________________________

## Woche 19

### Affirmation der Woche

”

**Ich akzeptiere meine Verdauung als Kunstform und jeden Toilettengang als kreativen Ausdruck.**

“

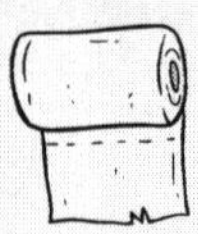

Der Künstler in mir...

# Kunst- und Meisterwerke

Ich bin der Picasso
des Verdauens.

Willkommen in der Woche, in der du zur verdammten Künstlerlegende wirst – und zwar auf deinem stillen Örtchen! Deine Verdauung ist kein banaler Prozess, sie ist deine Leinwand.

**Jeder Gang?** Ein Versuch, ein neues Meisterwerk zu erschaffen. Du bist der Picasso des Verdauens, der Van Gogh des Kackens – und ja, dein „Pinsel" ist dein Bauch. **Die Farben?** Tja, sagen wir einfach: Die kommen direkt aus dem Innersten.

**Lass uns mal ehrlich sein:** Salvador Dalí malte schmelzende Uhren, aber du kreierst flüchtige Kunstwerke, die genauso verstörend wie inspirierend sind. Und wie bei jeder echten Avantgarde gilt: Du musst nichts erklären, denn echte Kunst spricht für sich. Deine Werke sind roh, ehrlich und manchmal so intensiv, dass sie einen bleibenden Eindruck (hoffentlich nur metaphorisch) hinterlassen. Aber hey, Kunst muss nicht jedem gefallen – Hauptsache, du stehst stolz zu deinen Meisterwerken.

Diese Woche wird existenziell, Baby! Sartre sagte, die Essenz der Existenz sei Freiheit – und was ist bitte schön freier, als sich auf dem Thron von allem zu verabschieden, was dich belastet?

Kein Urteil, keine Regeln, nur du und dein innerer Jackson Pollock. Jeder Druck, den du loslässt, ist eine kleine Rebellion gegen die Zwänge des Alltags. Es ist Performance-Kunst in ihrer reinsten Form – spontan, mutig und im besten Fall laut und verstörend!

Also, wenn du diese Woche auf deinem Thron sitzt, mach es wie ein echter Künstler: **Sei stolz auf jedes Detail.**

Jedes Geräusch? **Pure Poesie.**
Jedes Werk? **Dein Statement.**

Du bist nicht nur ein bloßer Toilettengänger – du bist ein kreatives Kraftwerk, ein Poet der Peristaltik, der aus jedem Kacken ein Ereignis macht.

## Die Kack-Reflexion der Woche

Überlege...

Welches **Kunstwerk** hast du heute auf deinem Thron geschaffen, und wie würdest du es betiteln, wenn es in einem Museum ausgestellt würde?

# Woche 20

## Affirmation der Woche

”

**Was ich hier loslasse, bleibt hinter mir und stört mich nie wieder – das ist Freiheit, Baby!**

“

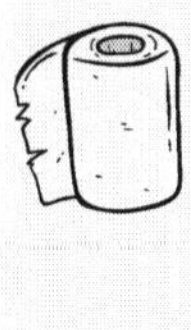

*Aus den Augen, aus dem Sinn …*

## Die Welt draußen lassen.

Keine halben Sachen.

Willkommen in der Woche der **ultimativen Erleichterung**!

Diese Woche widmen wir uns dem wahren Existenzialismus - aber nicht dem langweiligen Geschwafel von Sartre oder Camus. Nein, mein Freund, wir machen es praxisnah:

Kack-Existenzialismus!

Wo sonst kannst du die Essenz des Lebens besser verstehen als auf deinem Porzellanthron? Hier, in diesem stillen Tempel, bist du alleine mit deinem Sein, deinem Druck - und der herrlichen Aussicht auf den gleich eintretenden Moment der ultimativen Erleichterung.

Stell dir vor, Sartre hätte nicht über **„Das Sein und das Nichts“** geschrieben, sondern über **„Das Drücken und das Kacken“**.

Bei seinen philosophischen Ergüssen hätte er festgestellt, dass das Sein vor dem Kacken manchmal verdammt schwer zu ertragen ist - aber das Nichts, das sich dir nach dem herrlichen Abdrücken eröffnet, ist pure Freiheit!

**Lass uns mal ehrlich sein:** Das stille Örtchen ist der einzige Ort, an dem du echte Freiheit erlebst.

Dein Chef? **Egal.** Die Schwiegermutter? **Sowieso.**
Der Typ aus der Buchhaltung mit den schlechten Witzen?
**Was für eine Witzfigur.**

Kacken ist pure Freiheit!

Also, mein kühner Kack-Philosoph, diese Woche hast du die Gelegenheit, jeden Toilettengang als Akt der ultimativen Freiheit zu würdigen.

**Und denk dran:** Wer mit einem Lächeln auf dem Thron sitzt, hat das Leben verstanden – das ist wahre Kackosophie!

## Die Kack-Reflexion der Woche

Ehrlich jetzt…

Wenn der Sinn deiner **Existenz**
sich auf dem Thron entscheiden würde,
was würdest du loslassen,
um wahrhaft frei zu sein?

___

___

## Woche 21

### Affirmation der Woche

”

**Mein Porzellanthron ist mein Königreich, und ich bin der Chef im Loslassen.**

“

Mein eigenes Reich …

## Kunst- und Meisterwerke

### Weg mit überflüssigen Dingen.

Willkommen in der Woche, in der du zum Machiavelli des Badezimmers wirst – mit einem frechen Kack-Twist, versteht sich!

**Machiavelli sagte mal:** „Es ist besser, gefürchtet als geliebt zu werden." Aber du, du bist weiser: „Es ist besser zu spülen, als an Dingen festzuhalten, die stinken!"

Diese Woche übernimmst du die volle Kontrolle über dein Leben – und deinen Thron. Dein Auftrag? Alles aussortieren, was nicht mehr zu deinem königlichen Hof gehört, und zwar ohne Gnade. Stell dir vor, dein Klo ist dein Thronsaal, und du bist der unangefochtene Regent (oder die Regentin). Du herrschst souverän über die kleinen und großen Dramen, die sich an deinem „Hof" tummeln. Überflüssige Sorgen? Verbannt! Nervige Alltagsproblemchen? Hinfort in die Tiefen des Aborts! Und das Beste? Du brauchst keine fiesen Intrigen oder komplizierten Strategien, um deine Macht zu sichern.

Dein treuester Berater ist der Spülknopf, und jedes Rauschen des Abflusses ist wie ein königliches Dekret: **„Das war es für dich, Sorgenkram!"** Ein guter Herrscher, das wusste schon Machiavelli, ist pragmatisch – und genau das bist du beim Kacken. In diesem Moment gibt es kein sinnloses Festhalten an Belastungen. Kein unnötiges

Drama, keine endlosen Grübeleien. Du entscheidest klar, rational und pragmatisch: **Was nervt, fliegt raus!** Dein Porzellanthron ist kein Ort für Schwäche, sondern hier lernst du, mit gnadenloser Effizienz zu herrschen.

**Die Weisheit dieser Woche?** Auf deinem Thron bist du der Alleinherrscher. Du entscheidest, was bleibt und was den Abgang macht. Denn wahre Macht über das Leben beginnt dort, wo du endlich den Mut hast, loszulassen und Platz für Neues zu schaffen. Und wenn jemand fragt, wie du so viel Macht und Gelassenheit erlangt hast, dann lehne dich entspannt grinsend zurück und antworte:

**Ganz einfach:** „Ich herrsche mit eiserner Entschlossenheit – und spüle mit königlichem Nachdruck!“

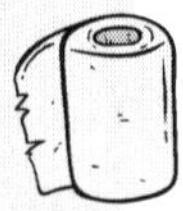

## Die Kack-Reflexion der Woche

Wenn dein Porzellanthron dein Königreich ist...

Welche unnötigen **Sorgen oder Dramen** würdest du mit einem königlichen Spülbefehl in dieser Woche aus deinem Leben verbannen?

## Woche 22

Affirmation der Woche

„

**Ich bin ein Meister des Gleichgewichts – ich halte fest, bis der Moment reif ist, alles loszulassen.**

“

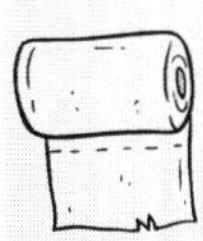

Die goldene Mitte...

## Die Pobacken locker machen

### Trainingslager der Lebenskunst

Willkommen in der Woche, in der wir uns mit der aristotelischen Tugendethik beschäftigen – natürlich wieder mit einem Hauch von Porzellan-Philosophie!

Der alte Meister der goldenen Mitte würde wahrscheinlich begeistert applaudieren, wenn er sehen könnte, wie perfekt seine Tugendethik auf deinen Porzellanthron passt. Denn genau hier, in deinem heiligen Tempel des Loslassens, trainierst du das ultimative Gleichgewicht: Nicht zu früh loslassen (unbefriedigend), nicht zu lange festhalten (autsch!) – sondern genau im richtigen Moment die Pobacken locker machen.

**Jetzt stell dir vor:** Aristoteles sitzt metaphorisch neben dir (entspannt auf seinem eigenen imaginären Thron, natürlich!) und nickt anerkennend: **„Ein tugendhafter Mensch weiß, wann der perfekte Moment gekommen ist."**

**Und du?** Auf deinem Thron wird diese Theorie lebendig. Zu früh loslassen? Du fühlst dich unvollständig. Zu lange warten? Es wird unangenehm.

Aber du, mein Philosoph des Alltags, beherrschst das Timing wie ein wahrer Meister. Dein Porzellanthron ist dein persönliches Trainingslager der philosophischen

Lebenskunst. Hier findest du nicht nur körperliche Erleichterung, sondern auch die Weisheit, Entscheidungen im richtigen Moment zu treffen. Kein Hasten, kein Zaudern – nur Ruhe, Geduld und die Harmonie der goldenen Mitte.

**Die Weisheit dieser Woche?** Wer auf seinem Thron das Gleichgewicht zwischen Festhalten und Fließenlassen perfektioniert, der wird auch in anderen Lebensbereichen brillieren. Denn das Geheimnis des Lebens liegt darin, genau zu erkennen, wann du etwas loslassen musst – und dann mit einem triumphalen Grinsen erleichtert nach vorn zu blicken. Das ist wahre Erleuchtung!

**Also, erfülle Aristoteles mit Stolz und denk dran:** Die goldene Mitte des Lebens liegt irgendwo zwischen ‚nicht zu früh abdrücken' und ‚kacken, bis die Wände wackeln'!"

## Die Kack-Reflexion der Woche

Also...

Wo in deinem Leben hältst du zu lange fest, und wie kannst du lernen, den **richtigen Moment** für das Loslassen zu finden?

## Woche 23

**Affirmation der Woche**

”

Auch meine größten Probleme landen irgendwann im Abfluss der Geschichte.

“

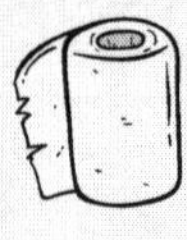

Mein eigenes Reich...

## Die absolute Vergänglichkeit

Alles vergeht irgendwann.

Willkommen in der Woche, in der wir Hegels Weltgeist auf den Porzellanthron setzen – denn selbst die Dialektik braucht manchmal eine Spülung! Der große Philosoph Hegel sah die Geschichte als einen ständigen Prozess von Entstehen, Vergehen und Neubeginn.

Doch was hat das alles mit dem Kacken zu tun, denkst du dir wahrscheinlich? Stell dir vor, du sitzt auf deinem Porzellanthron und erlebst dich plötzlich als Teil eines gigantischen kosmischen Kreislaufs. Alles, was dich bedrückt – Sorgen, Ängste, ja, sogar die Reste der Bratkartoffeln von gestern Abend – fügt sich harmonisch in den ewigen Lauf der Geschichte ein. Dein Thron ist kein gewöhnlicher Sitz. Nein, er ist das Zentrum deines persönlichen Dialektik-Prozesses: Erst sammeln sich die Kräfte (Druck!), darauf folgt die befreiende Auflösung (Abdrücken!), und schließlich kommt es zum großen Fortschritt (Spülen!).

Voilà, Hegel für Anfänger!

**Natürlich gibt es auch eine tiefere Lektion:** Selbst die größten Dramen deines Lebens, die Probleme, die dir nachts den Schlaf rauben – sie alle sind eines Tages nicht das Klopapier wert, auf dem sie geschrieben sind. Kein Problem ist so groß, dass es nicht irgendwann im Abfluss der Geschichte landet und kein Schwein mehr interessiert. **Und das Beste?** Dieser Kreislauf ist unaufhaltsam. Egal, wie groß die Last, irgendwann wird sie durch den großen Rausch der Spülung des Universums mitgerissen.

**Hegel hätte dich bewundert:** In dieser Woche wirst du zu einem Meister des dialektischen Loslassens, der den Lauf der Dinge akzeptiert und sie mit einem triumphalen Abkacken hinter sich lässt.

**Also denke daran:** Was dir heute noch wie ein kolossaler Kackhaufen erscheint, ist morgen nur eine kleine Randnotiz im Abfluss der Ewigkeit – und das Wasser der Geschichte gluckert fröhlich darüber hinweg.

## Die Kack-Reflexion der Woche

Los geht's...

Welches Problem in deinem Leben wartet darauf, durch die dialektische Kack-Trias – **erst Druck, dann Kacken, schließlich Spülen** – in den Fluss des Vergessens überzugehen?

## Woche 24

**Affirmation der Woche**

”

# Ich nehme mein Kack-Schicksal mit Liebe an – und verwandle es in Freiheit.

“

*Die liebe Freiheit …*

# Die Pobacken locker machen

## Trainingslager der Lebenskunst

Willkommen zur Woche, in der wir Nietzsche von seinem hohen Ross herunterholen und ihm zeigen, was echtes **„Amor Fati“** ist: die Liebe zum eigenen Schicksal – und zu allem, was beim Kacken herauskommt.

Mein tapferer Porzellan-Philosoph, diese Woche geht es nicht um das Konzept des Übermenschen, sondern um Über-Druck - und wie du ihn mit Gelassenheit, Humor und einem entschlossenen Drücken deiner Arschbacken in pure Freiheit verwandeln kannst. Nietzsche hätte gesagt:

> „Dein **Schicksal ist dein Freund** – aber nur, wenn du aufhörst, dich dagegen zu wehren.“

Und nirgendwo kann man das gewissenhafter üben als beim Kacken. Kein Verkrampfen, kein Drama, keine inneren Konflikte. Was kommt, das kommt. Du nimmst es an, drückst ab – und fühlst dich anschließend wie neu geboren. Das ist die wahre Kunst des Lebens: Nicht kämpfen, sondern loslassen, und zwar mit Ruhe und Gelassenheit. Du bist der Herr über dein Schicksal, selbst wenn es sich manchmal anfühlt wie der stinkende Rest von Omas Sonntagsbraten. Alles, was da ist, gehört zu dir – die schönen Momente genauso wie der heftige Schmerz einer Verstopfung.

Nietzsche wusste bereits:
**„Was uns nicht umbringt, macht uns stärker."**

Stell dir deinen Toilettengang als heiliges Ritual vor. Jeder Druck, der dich belastet, wird in diesem magischen Moment in Unbeschwertheit verwandelt. Du akzeptierst das Leben, so wie es ist – manchmal stinkt es eben und manchmal weniger. Aber hey, kein Gestank bleibt für die Ewigkeit!

**Diese Woche ist dein Mantra:** „Amor Fati, Baby!" Liebe dein Schicksal und nimm alles an, was kommt, selbst den größten Kackhaufen. Nimm es mit Liebe an, lerne daraus, und lass es schließlich los - denn wahre Freiheit beginnt dort, wo du deinem Kack-Schicksal gelassen ins Gesicht lächelst und mutig den Spülknopf drückst.

## Die Kack-Reflexion der Woche

Ehrlich jetzt...

Wie könntest du diese Woche dein eigenes **Kack-Schicksal** – mit all seinen Herausforderungen und alltäglichen Mini-Dramen – mit Liebe annehmen?

# Woche 25

**Affirmation der Woche**

„

## Jeder Toilettengang ist ein Akt der Rebellion – gegen Druck, Stress und Verstopfung.

“

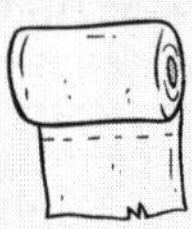

Flush them all ...

## Der Freigeist in mir!

Alles vergeht irgendwann.

Willkommen in Woche 25, der Woche, in der du zum anarchistischen Freigeist der Toilette wirst!

Lass dich nicht von den Konventionen des Alltags knechten – Kacken ist keine banale Notwendigkeit, sondern ein revolutionärer Akt. Was die Punkbewegung in den 70ern für die Gesellschaft war, bist du diese Woche für deine Verdauung: wild, kompromisslos und absolut frei.

**Stell dir das mal vor:** Du schließt die Badezimmertür hinter dir, und in diesem Moment sagst du laut: „Nein!" Nein, zum Alltagsstress, nein zum Hamsterrad, nein zu all den nervigen Verpflichtungen, die dich täglich versuchen, an die Normalität zu ketten. Auf deinem Porzellanthron erklärst du dich selbst zur autonomen Zone – frei von gesellschaftlichen Zwängen, Steuererklärungen und Montagsstaus. Hier bist du der anarchische Held, der sich von allem löst, was ihn bindet.

Dein anarchistisches Motto für diese Woche:
**Darauf geschissen!**

Die Postmoderne hat uns gelehrt, dass es keine festen Wahrheiten gibt, nur fluide Prozesse – und was könnte flüssiger sein als die Kunst des Kackens?

Dein Toilettengang wird zum ultimativen Ausdruck dieser Philosophie: Alles, was dich blockiert, löst sich auf, alles, was drückt, fließt ab. Du bist der anarchische Künstler deiner eigenen Verdauung, ein Maestro des Badezimmers, der mit einem Augenzwinkern das Profane zur Kunst erhebt.

**Und denk dran:** Jeder Spülknopf, den du betätigst, ist wie das Manifest einer kleinen Kackolution. Mit jedem Rauschen erklärst du allen Dingen, die dich blockieren, den Kampf an. Kein Chef, kein nerviger Kollege und kein verstopfter Abfluss des Lebens kann dich je wieder bremsen. Dein Toilettengang wird zum rebellischen Statement gegen alles, was stillsteht und dich herunterzieht. Lass keine Routine und keinen Stillstand zu, nicht in deinem Kopf und erst recht nicht beim Kacken. **Denn eines ist klar:** Deine Revolution beginnt auf dem Thron – und zwar mit einem lauten Flush 'em all!

## Die Kack-Reflexion der Woche

Also...

Welche **Erwartungen** deiner Mitmenschen könntest du diese Woche rebellisch loslassen – mit einem lauten ‚Flush 'em all'?

# Woche 26

## Affirmation der Woche

„

**Ich verlasse den Raum sauberer, als ich ihn betreten habe – körperlich und geistig.**

“

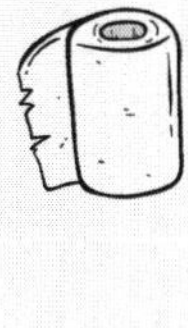

Innere und äußere Reinigung …

# Das absolute Wohlbefinden

## Stiller Tempel, große Erleichterung

In dieser Woche widmen wir uns dem Konfuzianismus- der fernöstlichen Philosophie der **Harmonie, des Anstands und der gepflegten Beziehungen**. Aber keine Sorge, du brauchst keine alten Schriftrollen zu lesen oder komplizierte Riten einzustudieren. Dein stilles Örtchen ist der perfekte Ort, um die Weisheiten des großen Konfuzius in die Tat umzusetzen. Denn wenn der Meister gesagt hätte: „Ein weiser Mensch hinterlässt den Raum so, wie er ihn vorfinden möchte" – dann hätte er dabei vermutlich mit wissendem Blick auf eine glänzende Kloschüssel gedeutet.

**Die Regel ist einfach:** Respekt beginnt im Kleinen. Wenn du den Raum betrittst, siehst du nicht bloß eine Toilette, sondern einen Mikrokosmos deines Lebens. Jedes Detail, von der akkurat gefalteten Klopapierrolle bis zum blitzblanken Spülknopf, ist ein Spiegel deiner inneren Balance. Dein Toilettengang ist daher nicht nur eine körperliche Erleichterung, sondern auch eine Übung in Harmonie: Du lässt nicht nur los, was dich drückt, sondern sorgst auch dafür, dass der Raum für den nächsten Besucher ein Ort des Wohlfühlens und ein kleines Paradies bleibt. Ordnung und Respekt beginnen hier – im stillen Tempel deiner alltäglichen Erleichterung.

**Stell dir vor**, Konfuzius beobachtet dich wohlwollend aus einer Ecke (in sicherem Abstand, natürlich). Er nickt anerkennend, wenn du mit einem eleganten Griff den

Spülknopf betätigst, dir kurz Zeit nimmst, mit der Bürste jeden noch so kleinsten Rest von Kacke zu putzen, und schließlich das Fenster öffnest, um wieder frischen Wind in diese Welt zu bringen – wortwörtlich. Harmonie, Baby! So wird selbst der banale Moment des Kackens zum Akt der wahren Größe.

**Die Lektion dieser Woche?** Sehr einfach: Der Zustand deines stillen Örtchens spiegelt den Zustand deines Innenlebens wider. Eine aufgeräumte, saubere Toilette entspricht einem aufgeräumten Geist. Wenn du den Raum sauberer hinterlässt, als du ihn vorgefunden hast, trägst du nicht nur zur Ordnung bei, sondern stärkst auch dein Inneres. Der Duft der Klarheit (oder zumindest des Reinigers) erfüllt die Luft, und du trittst stolz und erhobenen Hauptes hinaus in die Welt – als eingeweihter Meister der universellen Harmonie. Denn wie Konfuzius sicher gesagt hätte: Wer den Thron mit Würde verlässt, hinterlässt die Welt ein wenig weniger beschissen.

## Die Kack-Reflexion der Woche

Wie könntest du diese Woche nicht nur dein stilles Örtchen, sondern auch deinen **Alltag harmonischer und sauberer** hinterlassen, als du ihn vorgefunden hast?

______________________________________

______________________________________

# Woche 27

**Affirmation der Woche**

”

**Ich bin der Architekt meiner Freiheit – Stein für Stein, Spülung für Spülung baue ich mir ein besseres Leben.**

“

Schritt für Schritt …

## Der Freigeist in mir!

Alles vergeht irgendwann.

Willkommen in der Woche, in der du die Baukunst deines Lebens meisterst – und zwar mit der inspirierenden Philosophie des Konstruktivismus.

Keine Sorge, du musst nicht alte Architektur-Lehrbücher wälzen oder beim Kacken einen Bauhelm tragen (obwohl es dir sicher stehen würde). Dein Porzellanthron ist deine Baustelle, und jede Spülung ist ein mutiger Schritt, die Grundmauern deines Lebens neu zu setzen.

**Das konstruktivistische Prinzip ist simpel:** Dein Leben folgt keinem vorgefertigten Plan, sondern ist ein kontinuierlicher „Work-in-Progress". Du bist der Architekt, der Baumeister und, ja, auch der Abrissunternehmer deines Lebens.

Jeder Toilettengang ist eine gute Gelegenheit, Altes wegzuspülen und Platz für neue Strukturen zu schaffen. Stell dir vor, dein Klo ist so etwas wie das Architekturbüro deines Lebens. **Jedes Detail zählt:** Du setzt dich hin, analysierst, was bleiben soll und was abgerissen und erneuert werden soll.

Und als Letztes? Jawohl, die Spülung! Mit einem zufriedenstellenden Rauschen wird das Abgerissene weggespült, und Leben bekommt Raum für neue Strukturen.

Die Philosophie des Konstruktivismus lehrt uns, dass unsere Realität von dem abhängt, was wir mit unseren eigenen Händen (oder Pobacken) erschaffen. Wenn du also entspannt loslässt, erschaffst du dir immer Raum für neue Möglichkeiten. Nichts muss perfekt sein, und es gibt keine Blaupause für das ideale Leben.

**Aber du weißt genau, was dich bedrückt, und du weißt, wie du es loswirst:** mit einer klaren Entscheidung und einem beherzten Druck auf den Spülknopf. Sei also stolz auf deine Baustelle! Jedes Mal, wenn du deinen Thron verlässt, bist du dem Meisterwerk deines Lebens einen Kackhaufen näher. Denn wie jeder große Architekt sagen würde: ohne Abriss kein Palast – und ohne Klospülung keine echte Freiheit.

**Also vergiss nicht:** Selbst der konstruktivste Plan beginnt mit dem mutigen Schritt, den ersten Haufen wegzuräumen!

## Die Kack-Reflexion der Woche

Wenn du Architekt deiner Freiheit bist...

welche alten Mauern in deinem Leben musst du diese Woche **abreißen**, um Platz für ein neues Fundament zu schaffen?

# Woche 28

## Affirmation der Woche

”

**Was heute schwer ist, wird morgen leicht – Ich muss es nur zum Fließen bringen.**

“

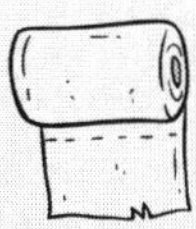

Die Strömung in mir...

## Das absolute Wohlbefinden

### Stiller Tempel, große Erleichterung

Willkommen in der Woche, die dem coolen alten Griechen Heraklit gewidmet ist – dem Typen, der schon damals wusste, dass Veränderung der Schlüssel zu allem ist. Er sagte: **„Man steigt nie zweimal in denselben Fluss."** Und wenn er ein modernes Badezimmer gekannt hätte, hätte er garantiert hinzugefügt: „Und man drückt nie zweimal dieselbe Spülung." Denn, mein tapferer Thronritter, der Abfluss des Lebens bleibt nie stehen – alles bewegt sich, alles verändert sich, und am Ende liegt es an dir, wie leicht es fließt.

Diese Woche geht es um **Transformation** – die Kunst, das Schwere in Leichtes zu verwandeln. Dein stilles Örtchen wird zur Quelle der Erkenntnis, ein Ort, an dem du den Fluss der Dinge nicht nur beobachtest, sondern aktiv in Gang setzt. Stell dir vor: Du sitzt auf deinem Porzellanthron, fühlst den Druck des Tages (oder des Abendessens von gestern), und endlich lässt du mit einem Gefühl der Erleichterung los. In diesem Moment der Befreiung erkennst du, dass selbst die größte Belastung nur vorübergehend ist. Alles fließt, mein Freund, und das, was dich heute blockiert und zu Boden drückt, wird morgen bereits leicht wie eine Feder weiterziehen – wenn du den Mut hast, den ersten Schritt zu tun.

**Heraklit wusste:** Nichts bleibt, wie es ist. Aber das ist kein Grund zum Jammern – ganz im Gegenteil! Das Leben ist ein kontinuierlicher Abfluss, und du bist der Flussmeister, der entscheidet, ob es reibungslos läuft oder ob alles verstopft. Dein Klogang ist also mehr als bloß Routine: Es ist ein Miniaturmodell des Lebens selbst. Mit jedem Spülen beweist du, dass der Wandel nicht nur möglich, sondern unverzichtbar ist. Diese Woche ist deine Einladung, Hindernisse nicht als Blockaden zu betrachten, sondern als Herausforderungen, die du mit Kraft und Eleganz meisterst – oder mit Schwung wegräumst. Ein verstopfter Fluss ist kein Problem für jemanden, der weiß, wie man das Wasser in Bewegung setzt (ein Löffel Rizinusöl und die Sache läuft wieder wie geschmiert!).

**Also, lass dich vom Geist Heraklits leiten:** Alles, was stockt, kommt irgendwann wieder ins Rollen. Alles, was schwer ist, wird leicht. Oder wie Heraklit gesagt hätte, wenn er auf einem modernen Klo gesessen hätte: „Du kannst nie zweimal denselben Kackhaufen spülen – aber mit genug Wasser läuft es immer!“

## Die Kack-Reflexion der Woche

Wenn **Veränderung** der natürliche Zustand des Lebens ist, wie kannst du diese Woche akzeptieren, dass nichts – nicht mal dein königlicher Kackhaufen – für die Ewigkeit bleibt?

# Woche 29

**Affirmation der Woche**

„

Das wahre Glück
liegt darin, nichts
zurückzuhalten – ich lasse
los, was mich belastet,
und finde Frieden.

“

Mein innerer Frieden…

## Der Freigeist in mir!

Alles vergeht irgendwann.

Willkommen in einer Woche voller Genuss, Leichtigkeit und, ja, hemmungsloser Freude am Loslassen und am Leben. Wir betreten das hedonistische Paradies – und bevor du fragst, nein, du brauchst dafür weder Bacchus zu lesen noch antike Orgien nachzustellen. Dein stilles Örtchen ist der Tempel, und du bist der fröhliche Anhänger dieser Philosophie, die eines ganz klar sagt: Das Leben ist zu kurz, um Dinge zurückzuhalten, die längst gehen sollten.

**Der Hedonismus?** Das ist nicht bloß die Kunst, Freude zu finden, sondern sie zu maximieren – mit einem tiefen Seufzen der Erleichterung und einem göttlichen Genuss beim Kacken.

**Stell dir vor:** Jedes Mal, wenn du den Druck loslässt, spürst du eine Welle der Glückseligkeit durch dich fließen. Dein Körper? Dankbar. Dein Geist? Befreit. Dein Porzellanthron? Dein heiliges Portal zu einem unbeschwerten Leben.

Epikur, der große Philosoph des Hedonismus, wusste, dass wahres Glück nicht in Exzessen liegt, sondern in der einfachen Freude daran, täglich das zu tun, was uns guttut. Und seien wir mal ehrlich: Gibt es etwas Besseres, als genau das loszulassen, was uns den Tag über schwer auf der Seele – oder dem Bauch – lag?

**Die Hedonisten sagen:** Folge deinem natürlichen Drang. Und genau das tust du diese Woche. Kein Festhalten, kein Verdrängen, kein Blockieren. Du bist wie eine reife Frucht, die sich einfach fallen lässt, wenn ihre Zeit gekommen ist. Egal, ob es sich um einen ungelösten Streit, eine innere Blockade oder eine Tiefkühlpizza handelt – raus damit, und zwar mit Freude und Genuss! Die wahre Kunst des Lebens liegt darin, diesen herrlichen Moment zu feiern: Atme tief durch, genieße die Ruhe und fühle den Triumph, wenn du endlich loslassen und entspannen kannst. Kacken ist kein bloßer Akt der Hygiene – es ist purer Genuss und echte Lebensfreude. Lass dich in dieser Woche beim Kacken einfach fallen, so als wärst du der Mozart des Loslassens, der eine Symphonie der Erleichterung komponiert.

**Denn seien wir ehrlich:** Ein echter Hedonist hält nichts zurück und schon gar nicht beim Kacken. Und wenn dich jemand diese Woche fragt, warum du so glücklich bist, sag einfach: ‚Ich habe gelernt, das Leben laufen zu lassen!'

## Die Kack-Reflexion der Woche

Wenn **wahres Glück** im Loslassen liegt, was könntest du diese Woche mit hedonistischer Freude verabschieden, um mehr Leichtigkeit in deinem Leben zu spüren?

____________________________________

____________________________________

# Woche 30

## Affirmation der Woche

”

**Ich gehe jeden Schritt bewusst – selbst der Weg zum stillen Örtchen gehört zu meinem Lebenspfad.**

“

Neue Wege beschreiten …

## Das absolute Wohlbefinden

### Stiller Tempel, große Erleichterung

Willkommen in der Woche, in der wir den Daoismus direkt auf die Kloschüssel bringen! Keine Sorge, wir machen hier keine komplizierten, philosophischen Denkspiele – das wäre anstrengend und definitiv nicht daoistisch.

**Stattdessen nehmen wir Laozi beim Wort:** „Der Weg zeigt sich im Gehen." Und ja, Laozi hat garantiert nicht ausgeschlossen, dass dieser Weg auch mal ins Badezimmer führt. Denn wenn das Fließen des Lebens irgendwo offensichtlich wird, dann ja wohl hier, zwischen Tür, Thron und Spülung. Daoismus bedeutet, die Dinge zu nehmen, wie sie kommen – ohne Eile, ohne Widerstand, und mit einem kleinen Augenzwinkern. Egal, ob dein Lebenspfad dich zur Traumkarriere, zum Pizzalieferanten oder eben auf den Porzellanthron führt, alles gehört dazu. Das Dao unterscheidet nicht zwischen epischen Momenten und den kleinen Dingen des Lebens.

**Stell dir vor**, du gehst den Weg zum stillen Örtchen – nicht gestresst, nicht abgelenkt und am Handy klebend, sondern bewusst, wie ein echter Dao-Meister.

Deine Schritte? Leicht wie ein Blatt im Wind. Deine Gedanken? Ruhig wie ein stillgelegtes Baustellenklo.
Du öffnest die Tür, nimmst Platz auf deinem Thron und merkst beim Kacken: **„Das ist genau der richtige Ort, genau zum richtigen Moment."** Was könnte es Schöneres geben?

**Während du sitzt, erkennst du:** Selbst das Drücken ist ein Teil des Lebenspfades. Es ist nicht nur eine Notwendigkeit, sondern auch eine Gelegenheit, den Fluss des Lebens zu spüren. Jeder Atemzug, jeder Muskel, jede leise Melodie, die aus dem Porzellan erklingt – das ist Dao in seiner reinsten Form. Es gibt keinen Anfang und kein Ende, nur den nächsten Schritt. Und wenn du schließlich den Spülknopf drückst, dann nicht gestresst und hastig, sondern mit dem Bewusstsein, ganz im Hier und Jetzt zu sein.

**Die Weisheit dieser Woche?** Jeder Schritt, auch der ins Badezimmer, ist Teil deines Lebenspfades. Es gibt keinen unwichtigen Moment, keinen unbedeutenden Weg, sondern alles ist Teil eines Prozesses. Also geh den Weg mit Achtsamkeit, kacke mit Würde und spüle mit Hingabe. Denn wie Laozi sicher gesagt hätte:

**„Wer achtsam kackt, der ist dem Weg zur Erleuchtung schon ein Stück näher – oder zumindest dem Abfluss."**

## Die Kack-Reflexion der Woche

Wie könntest du diese Woche selbst die kleinsten Schritte – sei es zum Thron oder durchs Leben – **bewusster und mit mehr Achtsamkeit** gehen?

________________________________

________________________________

# Woche 31

Affirmation der Woche

„

**Ich entlade den Druck des Lebens mit Würde und Klarheit – mein Geist bleibt frei, egal was kommt.**

“

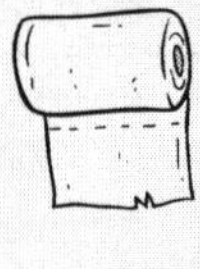

Mein innerer Frieden...

# Ich, der Kack-Philosph

## Der goldene Standard

Du hast sicher schon von Immanuel Kant gehört, oder? Der große deutsche Philosoph hätte wahrscheinlich geschmunzelt, wenn er gewusst hätte, wie universell anwendbar sein Prinzip wirklich ist. Denn, mein kühner Kack-Philosoph, die wahre Größe zeigt sich nicht in großen Reden oder endlosen Gedankenexperimenten, sondern in der Würde, mit der du deinen Alltag meisterst – vor allem auf dem Porzellanthron.

**Kant lehrt uns:** „Handle nur nach derjenigen Maxime, durch die du zugleich wollen kannst, dass sie ein allgemeines Gesetz werde." **Klingt kompliziert?**

Keine Sorge. **Übersetzt heißt das:** Erhebe dein Kacken zum goldenen (oder braunen) Standard deines Lebens. Stell dir vor, jeder Mensch würde mit derselben Klarheit und Entschlossenheit Kacken, wie du. Keine Aufschieberitis, keine halben Sachen, keine braunen Reste, die die Klomuschel verschmieren. Du handelst vernünftig, zielgerichtet – und das macht dich nicht nur zu einem besseren Kackmeister, sondern zu einem Vorbild für die gesamte Menschheit.

Der Thron ist dein Testgelände der Vernunft. Hier gibt es keinen Platz für Ausreden, Chaos oder Ungenauigkeit. Du entlädst den Druck des Lebens mit einer Würde, die selbst Kant zu einem ehrfürchtigen Nicken veranlasst hätte.

Denn das Universelle findet sich bereits im Kleinen: Ein klarer Geist entspringt einer klaren Haltung beim Kacken. Deine Maxime ist simpel wie effektiv:

- Was ich loslasse, soll niemals zurückkehren – und vor allem nicht den Abfluss verstopfen.

**Stell dir vor**, du sitzt auf deinem Thron und hörst, wie Kant dir ins Ohr flüstert: „Jetzt ist der Moment gekommen, in dem sich dein Schicksal entscheidet!" Denke daran: Selbst, wenn das Leben dich fordert, bleibst du standhaft und stoisch. Denn ein wahrhaft freier Geist lässt sich nicht von der Schwere des Augenblicks beeindrucken – denn er weiß, dass selbst der größte Druck einmal nachlässt, wenn man ihm mit Würde und Gelassenheit begegnet. Oder wie Kant wahrscheinlich gesagt hätte:

**„Zwei Dinge erfüllen mein Gemüt mit immer neuer Bewunderung – der klare Himmel über mir und die leere Kloschüssel unter mir."**

## Die Kack-Reflexion der Woche

Wie könntest du diese Woche deinen Toilettengang so **würdevoll gestalten**, dass selbst Kant anerkennend nicken und sagen würde: „Das ist der kategorische Imperativ des Kackens"?

________________________________

________________________________

# Woche 32

## Affirmation der Woche

”

**Ich lasse meinen Schatten los – jeder Spülgang reinigt nicht nur den Raum, sondern auch meinen Geist.**

“

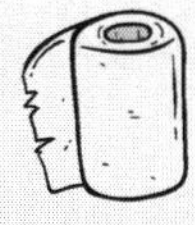

Schatten loslassen...

## Die dunklen Ecken in mir.

### Ich kack es einfach raus

Willkommen in der Woche der inneren Erleuchtung – und nein, diesmal geht's nicht um Zen, Buddha oder Sokrates. Heute steigen wir tief hinab in die dunklen Ecken unseres Selbst, in die Tiefen der Jungianischen Psychologie. Der große Carl Gustav Jung sagte, dass wir alle einen Schatten in uns tragen – die dunklen, verdrängten Seiten unserer Persönlichkeit, die wir am liebsten im Abfluss des Unterbewusstseins verschwinden lassen würden.

**Klingt düster?** Keine Sorge, mein mutiger Kack-Analytiker, diese Woche nehmen wir uns mit Humor und Entschlossenheit genau dieser Schattenarbeit an – und das direkt auf deinem stillen Örtchen. Dein Porzellanthron ist nicht nur ein Ort der Erleichterung, sondern auch ein Spiegel deines Inneren. Hier, in den stillen, ungestörten Minuten zwischen Druck und Loslassen, macht sich vielleicht dein Schatten bemerkbar.

- Gedanken, die du lieber nicht hättest?
- Dinge, die du vermeiden wolltest?
- Alte Schuldgefühle, Ängste oder die peinliche Erinnerung an das letzte Karaoke-Debakel nach sieben Bieren?

**Ja, genau die.** Dein Schatten wartet.

Aber, und hier kommt die wahre Weisheit: Es gibt keinen besseren Ort, um mit dem dunklen Gesellen Frieden zu schließen, als hier. Wenn du auf deinem Thron sitzt, bist du wie ein Archäologe deines eigenen Geistes. Dein Schatten ist nicht dein Feind – er ist ein integraler Teil von dir.

**Der Trick?** Ihn zu erkennen, ihn willkommen zu heißen und ihn schließlich loszulassen. **Und wie machst du das?**

**Ganz einfach:** Du spülst ihn hinunter. Jeder Spülgang ist ein kleiner Akt der Reinigung. Jung lehrte uns, dass der Schatten nicht verschwindet, wenn wir ihn ignorieren – er wächst und stinkt, bis wir ihn bewusst betrachten.

Aber hier, auf deinem Thron, kannst du den **ersten Schritt machen:** hinsehen, loslassen und spülen. Diese Woche geht es nicht nur darum, loszuwerden, was dich drückt, sondern darum, bewusst hinzusehen, bevor du die Arschbacken entspannst und loslässt.

Jedes Kacken ist eine Einladung, einen Teil deines Schattens zu erkennen, ihn zu umarmen und ihn liebevoll ins Nirwana des Abflusses zu verabschieden. Jung hätte wahrscheinlich stolz gelächelt (oder zumindest wissend genickt), wenn er gesehen hätte, wie du mit jedem Klick auf die Spülung deine Seele ein wenig freier machst.
**Jeder hat dunkle Seiten.**

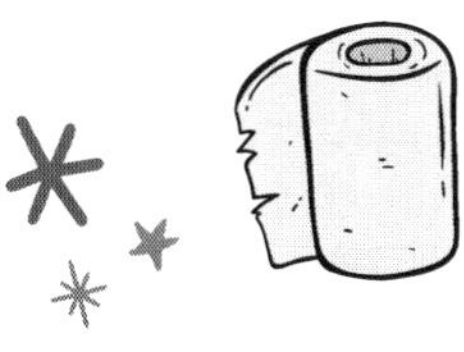

Der wahre Meister erkennt sie an und lässt sie los, bevor sie anfängt, muffig zu werden. Und wie Jung vielleicht gesagt hätte, wenn er je auf einem Porzellanthron gesessen hätte:

„Manchmal reicht ein einziger Spülgang, um die tiefsten Abgründe deiner Seele zu klären – und den Geruch loszuwerden!"

## Die Kack-Reflexion der Woche

Welcher dunkle Gedanke oder **verdrängte Schatten** könnte diese Woche endlich seinen Weg ins Licht finden – bevor du ihn mit einem befreienden Spülgang für immer entlässt?

______________________________________

______________________________________

______________________________________

## Woche 33

Affirmation der Woche

„In jedem Geräusch liegt Wahrheit – ich höre hin, erkenne, und lass den ganzen unnötigen Mist hinter mir.“

Neue Wege beschreiten...

## Das absolute Wohlbefinden

### Stiller Tempel, große Erleichterung

Willkommen zur Woche, in der wir unser Ohr für die feine Symphonie des Lebens spitzen – und ja, auch für die manchmal etwas, äh, deftigen Klänge deines stillen Örtchens. Husserl, dieser alte Denker, hat mal gesagt: **„Zu den Sachen selbst!"**

Beim Kacken ist ihm sicher aufgefallen, dass die „Sachen" hier nicht nur direkt, sondern oft auch verdammt lautstark kommen. Doch genau hier liegt die Magie: Diese Woche lernst du, in jedem Geräusch eine Botschaft zu erkennen – ob es ein sanftes Plätschern oder ein imposantes Krachen ist.

Die Phänomenologie lehrt uns, jeden Moment ganz bewusst wahrzunehmen, ohne Vorurteile. Also hör hin: das leise Gluckern im Abfluss, das Echo eines fallenden Tropfens, das beruhigende Rauschen der Spülung. Das ist kein banaler Lärm, mein kühner Klo-Philosoph – das ist dein Leben, das sich in Klängen entfaltet. Vielleicht erzählt dir das leise Tropfgeräusch, dass du Geduld üben sollst. Oder das unerwartet laute Krachen und Pupsen, dass manchmal eben nichts glattläuft.

Wenn du dich diese Woche auf deinem Thron niederlässt, mach ihn zu deinem Konzertsaal der Ka(c)kofonie. **Kein Handy, keine Ablenkung** – nur du und der herbe Klang der Wirklichkeit. Nimm die Töne an, ohne sie zu bewerten.

Lausche ihnen so, als würdest du zum ersten Mal das Lied deines Lebens hören. Denn in jedem „Plopp" und „Gluck" steckt nicht nur ein physischer, sondern auch ein emotionaler **Akt des Loslassens**. Und wenn du am Ende die Spülung betätigst, hör genau hin: Das ist der Sound von Freiheit, der Sound von allem, was du in diesem Moment loslässt. Husserl sagte:

„Das Wesen der Dinge zeigt sich in der Reduktion."

Und gibt es eine bessere Reduktion als das, was du auf deinem Porzellanthron vollbringst? **Hier reduzierst du alles aufs Wesentliche:** keine Ablenkung, keine falsche Höflichkeit – nur du, die Geräusche und die pure Wahrheit des Augenblicks. Denn seien wir ehrlich: Wenn irgendwo das echte Wesen der Dinge sichtbar wird, dann genau hier – zwischen einem lauten Krachen und dem beruhigenden Rauschen der Spülung.

## Die Kack-Reflexion der Woche

Welche tiefere Wahrheit könnten die Geräusche deines Klogangs dir in dieser Woche **offenbaren**, wenn du ihnen bewusst zuhörst?

______________________________

______________________________

## Woche 34

Affirmation der Woche

”

Mein Kack-Moment
ist der Wendepunkt –
ich hinterlasse das Alte
und öffne mich für
das Neue.

“

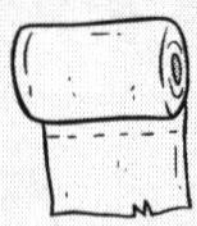

Mein innerer Frieden...

## Struktur ist alles!

### Meine perfekte Choreografie

Willkommen in der Woche, in der wir die Philosophie des **Strukturalismus** feiern – oder, wie ich es nenne: Die hohe Kunst, dein Leben in Systeme zu packen, die am Ende richtig gut flutschen.

**Klingt kompliziert?** Keineswegs, denn du erlebst es ja täglich beim Kacken. Jeder Toilettengang ist ein Mini-Wendepunkt in deinem Leben: Druck baut sich auf, du lässt los, und zack – das Alte verschwindet mit einem befriedigenden Rauschen im Abfluss der ewigen Jagdgründe. Besser geht es doch nicht, oder?

Strukturalisten behaupten, dass Bedeutung im Leben durch Übergänge entsteht. Und seien wir ehrlich, diese Übergänge sind der wahre Star deines Kack-Rituals. Betrachte es wie eine perfekt orchestrierte Choreografie: Von der leichten Unruhe („Es wird Zeit!"), über den Moment der Konzentration („Jetzt oder nie!"), bis zum finalen Akt des Kackens bis die Wände wackeln. Jeder einzelne Schritt hat Bedeutung, und ohne diese Reihenfolge würde das System nicht funktionieren (oder es wäre zumindest sehr, sehr unangenehm).

Dein Kack-Moment ist mehr als nur eine momentane, plötzliche Erleichterung. Es ist der Augenblick, in dem du **Ballast abwirfst** – physisch, mental und seelisch. Was du da

zurücklässt, sind nicht nur die Reste des letzten Burritos, sondern auch die unverdauten Sorgen, der Stress und die Gedanken, die dir täglich auf den Magen schlagen.
**Dein Thron wird so zum magischen Portal:** Hier endet das Alte, indem du mit einem heroischen Akt des Kackesn Platz machst für das Neue. Fast poetisch, oder?

**Was kannst du von dieser Woche mitnehmen?** Alles im Lehen ist verbunden – auch die kleinen Wendepunkte, die du sonst vielleicht nicht beachtest. Also feiere diese Übergänge bewusst. Vom ersten Grummeln im Darm bis zur ekstatischen Erleichterung auf deinem Thron, die dir ein Grinsen ins Gesicht zaubert – betrachte Kacken nicht als Banalitätt, sondern als Teil der geheimnisvollen Blaupause deines Lebens – oder wie der Strukturalist Claude Lévi-Strauss vielleicht gesagt hätte: Das Wahre beginnt dort, wo das Alte endgültig verschwindet – wie ein großer, stinkender Haufen im Kanal!

## Die Kack-Reflexion der Woche

Wie kannst du die Erfahrung des Übergangs von „es drückt“ zu „es flutscht“ auf deinem Thron nutzen, um auch in deinem Alltag **souveräner mit Veränderungen** umzugehen?

______________________________

______________________________

# Woche 35

Affirmation der Woche

„

Ich reinige nicht
nur den Raum, sondern
auch mein Herz – Ordnung
beginnt in mir.

“

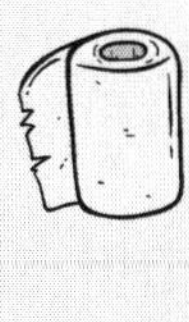

Die wahre Freiheit …

## Das absolute Wohlbefinden

### Stiller Tempel, große Erleichterung

Willkommen in Woche 35, in der wir den **Stoizismus** in seiner bekackten Glorie feiern. In dieser Woche bist du kein schnöder Toilettenbesucher, oh nein. Du bist ein moderner Seneca, der den Thron seines Lebens mutig erklimmt – ein unerschütterlicher Stoiker, der weiß, dass wahre Freiheit dort beginnt, wo die Bürste endet. Dein Badezimmer ist nicht nur ein Raum, es ist ein Schlachtfeld des Geistes, wo du dem Chaos des Lebens ins Auge blickst und mit unerschütterlicher Ruhe antwortest: „Nicht mit mir, Kacke!" Die Stoiker waren überzeugt, keine Macht über unser Inneres besitzen.

**Epiktet schrieb:** „Es sind nicht die Dinge selbst, die uns beunruhigen, sondern unsere Sichtweise auf sie."

**Und genau hier liegt deine Mission für diese Woche:**
Wenn der Raum nach einer besonders ... eindrucksvollen Sitzung aussieht, oder der Abfluss verstopft ist, dann weißt du, was du zu tun hast: ruhig und gelassen bleiben. Du entscheidest, wie du darauf reagierst.

**Die Bürste?** Dein Werkzeug der Tugend.
**Der Reiniger?** Dein Verbündeter im Streben nach kosmischer Harmonie.
**Dein Geist?** Wird mit jedem fokussierten Bürstenstrich ein wenig klarer.

Du bist der Herrscher über dein Innenleben.
Du entscheidest, wie deine Welt aussieht! Betrachte den Akt des Reinigens nach dem Kacken nicht als lästige Pflicht, sondern als die perfekte Übung in Selbstkontrolle.

**So wie Marcus Aurelius lehrte:**
„Ordne deinen Geist, und das Universum ordnet sich mit."

Wenn du den Raum sauberer verlässt, als du ihn betreten hast, spürst du, wie sich eine unsichtbare Harmonie in deinem Inneren entfaltet. Dein Herz wird leichter, dein Geist klarer – und deine Toilette so strahlend rein, dass selbst Marcus Aurelius mit Tränen der Rührung seine nächste große Sitzung genießen würde. Der wahre Stoiker weiß: Ordnung im Außen beginnt mit Klarheit im Inneren. Wenn also der nächste Besucher nach dir auf die Toilette geht und mit Freude feststellt, dass alles sauber erstrahlt – dann weißt du, dass du nicht nur den Raum, sondern auch die Welt ein kleines bisschen besser gemacht hast.

## Die Kack-Reflexion der Woche

Denke nach...

Wie hilft dir das Saubermachen, stoische Ruhe zu erlangen und **Ordnung in dein Leben** zu bringen?

________________________________________

________________________________________

# Woche 36

Affirmation der Woche

„Das Leben ist wie ein leeres Blatt – oder eine leere Schüssel. Was ich daraus mache, liegt allein bei mir."

Mein innerer Frieden...

# Struktur ist alles!

## Meine perfekte Choreografie

In dieser Woche wirst du zum Existenzialisten deines Badezimmers. Sartre hat gesagt:

**„Der Mensch ist dazu verurteilt, frei zu sein."**

**Und mal ehrlich:** Gibt es einen passenderen Ort, um diese Freiheit mehr zu erleben, als beim Kacken? Du sitzt da, vor einer leeren Schüssel, und weißt: Alles liegt jetzt in deiner Hand – okay, hoffentlich nicht wortwörtlich. Keine Ausreden, kein Zurück. Diese Freiheit ist gnadenlos und – nach der großen Explosion – großartig! Das Prinzip des Existenzialismus ist leicht auf das Kacken anwendbar. Die Schüssel ist leer, genau wie zunächst dein Leben. Was du damit anfängst, liegt allein in deiner Verantwortung. Wirst du einfach einen gewaltigen Misthaufen hinterlassen, oder wirst du deinen Thron-Moment nutzen, um Erhabenes zu schaffen?

Denk daran, Camus nannte unser Dasein „absurd", weil wir immer nach Sinn suchen, obwohl es sinnlos ist. Aber hey, wenn schon alles absurd ist, warum nicht ein bisschen Spaß haben? Also setze dich auf deinen Thron und kacke der Sinnlosigkeit des Lebens frech und froh ins Gesicht. Existenzialisten wie Simone de Beauvoir hätten dich bestärkt. Sie meinte: „Der Mensch definiert sich allein durch seine Handlungen." **Also, wie definierst du dich?**

Als jemand, der ohne nachzudenken einfach alles hinkackt? Oder als der Typ, der mit Würde abdrückt, dann noch die Bürste schwingt und den Raum sauber blitzend verlässt. Es liegt ganz bei dir, wie du deine Kack-Freiheit nutzt. Aber hier kommt der entscheidende Punkt: Freiheit ist nie ohne Verantwortung zu haben. Sartre hat es auf den Punkt gebracht: **„Du bist verantwortlich für das, was du tust – und für das, was du nicht tust.“**

Wenn du die Toilette so verlässt, dass der nächste glaubt, als wäre er in eine postapokalyptische Schlacht hineingeraten, dann bist du dafür verantwortlich. Denn deine Freiheit hört dort auf, wo jemand anderes mit der Klobürste die braunen Reste abputzen muss. Die Entscheidung liegt bei dir: hinterlässt du Chaos oder einen Tempel der Sauberkeit? Denn wie brachte es Sartes bereits treffend auf den Punkt: „Die Hölle, das sind die anderen – besonders wir ihre Kacke riechen müssen!“

## Die Kack-Reflexion der Woche

Absolute Ehrlichkeit...

Stelle dir vor, das Leben ist eine leere Schüssel: Was **hinterlässt** du – Chaos oder Sauberkeit?

## Woche 37

### Affirmation der Woche

”

**Jeder Moment ist ein Kunstwerk – ich bin der Schöpfer meiner eigenen Geschichte.**

“

Kostbare Momente...

## Das Klo, meine Staffelei

### Nun werde ich zum Künstler

Bist du bereit für die 37. Woche, in der dein Leben zu einer Leinwand wird und dein Porzellanthron zur Staffelei? Hast du schon einmal von **Ästhetizismus** gehört? Das ist jene Denkschule, die die Schönheit feiert und das Leben selbst als Kunstwerk betrachtet.

**Der englische Schriftsteller Oscar Wilde sagte einmal:**
„Kunst ist das einzige ernsthafte Ding in der Welt und der Künstler ist der einzige Mensch, der niemals ernst ist."

Klingt wie die perfekte Beschreibung fürs Kacken, oder? Ein Akt, bei dem die **Ernsthaftigkeit** verschwindet und du zum Künstler wirst. Diese Woche geht es darum, jeden Augenblick auf dem Porzellanthron so zu betrachten, als wäre er dein persönliches Meisterwerk. Dein Toilettengang ist kein banaler Pflichttermin mehr. Oh nein, es ist deine künstlerische Leistung! Die Art, wie du die Tür öffnest, wie du dich hinsetzt, wie du – mit einer gewissen Theatralik – dein Gesicht beim Kacken verziehst und vor Erleichterung (oder Schmerz – je nachdem) brüllst.

Jeder Augenblick des Kackens ist wie ein Pinselstrich auf der Leinwand deiner Toilette. Und wie Wilde sagen würde:

„Die meisten Menschen existieren, wenige leben."

Also hör auf, deinen Klo-Moment zu überleben. Erlebe ihn – in seiner ganzen absurden Pracht.

**Stell dir vor,** du bist ein moderner Michelangelo, und dein Badezimmer ist die Sixtinische Kapelle. Jedes Detail zählt: Der Schwung deiner Hand, wenn du das Klopapier greifst, ist pure Eleganz. Jeder braune, stinkende Strahl, ist ein kleines Kunstwerk. Und der Klang der Spülung? Das orchestrale Finale. Selbst das Nachpolieren des Spülknopfs könnte Teil deiner kreativen Vision sein.

Keine Sorge, es geht nicht darum, perfekt und fehlerfrei zu kacken – es geht darum, diesen beschissenen Moment in einen Akt der wahren Schönheit zu verwandeln.

**Doch Vorsicht:** Wilde warnte auch, dass „Kunst nichts mit Moral zu tun hat." Darfst du dich also auf deinem Thron hemmungslos gehen lassen? Keinesfalls!

Dein verschmiertes Kunstwerk endet nicht mit deinem Abgang. Der echte Künstler sorgt dafür, dass das Klo nach dem Kacken wieder genauso weiß erstrahlt wie deinc Vision. Dein Badezimmer wird so zur Galerie deines Schaffens, einem Ort, an dem Ästhetik und Respekt für deine Mitmenschen Hand in Hand gehen. Beim Kacken zeigst du wahre Größe. Also, betrachte dich nicht nur als passiven Beifahrer deines Lebens.

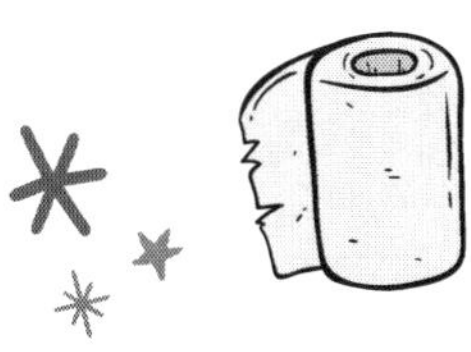

Jedes Geräusch, jedes Stöhnen beim Drücken, jeder finale Plopp ist ein Ausdruck deiner einzigartigen Schaffenskraft. Oscar Wilde hätte dir gesagt:

> „Sei **einzigartig** und kacke, wie nur du kacken kannst - jede andere Scheiße gibt es schon!“

## Die Kack-Reflexion der Woche

Wie kannst du beim Kacken (und im Leben) deine eigene **unverwechselbare „Signatur“** hinterlassen, ohne dabei die Kloschüssel oder deine Mitmenschen zu überfordern?

____________________________________

____________________________________

____________________________________

# Woche 38

## Affirmation der Woche

”

**Ich vergesse,
was ich nicht ändern kann,
und konzentriere mich auf
das, was ich erschaffen
möchte.**

“

Neues kreieren...

# Genügsamkeit über alles.

## Mein mentaler Spülknopf

Willkommen in Woche 38 – oder wie Epikur sagen würde:

> „**Entspanne dich** einmal, mein Freund, und lass die Sorgen im Abfluss verschwinden.“

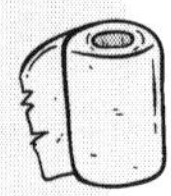

Diese Woche geht es um die Kunst, nicht auf der Scheiße auszurutschen, die dir das Leben ständig hinwirft. Stattdessen fokussierst du dich auf das, was wirklich zählt: die kleinen und schönen Momente – wie auf dem Porzellanthron.

**Epikur wusste Bescheid:** „Nicht das, was wir haben, sondern das, was wir genießen, macht uns glücklich.“

**Übersetzung?** Hör auf, über Dinge zu grübeln, die dich nur herunterziehen. Der Typ auf TikTok, der mit seinem Porsche im Sonnenuntergang posiert, während du versuchst, deine Woche mit Nudeln und Pesto zu überleben? Vergiss es.

Der achte Insta-Post, der dir vorschlägt, ein Abo für Proteinshakes abzuschließen? Bitte, mach die App einfach zu.

**Epikur hätte dir zugelächelt und gesagt:** „Die größte Frucht der Selbstgenügsamkeit ist Freiheit." Und wenn Freiheit bedeutet, mit Würde zu Kacken, dann ist das doch schon ein verdammt guter Anfang.

Also, lass die Probleme, die du nicht lösen kannst, draußen vor der Klotür. Der Toilettengang ist dein heiliger Moment. Kein Grübeln über Rechnungen, To-do-Listen oder ob du morgen wieder denselben Small Talk mit der nervigen Kollegin ertragen musst. Stattdessen atmest du tief durch (okay, vielleicht nicht zu tief), entspannst die Pobacken und genießt die Ruhe – denn dieser kurze Augenblick gehört nur dir.

Wenn beim nächsten Mal dein Kopfkarussell sich wieder zu drehen beginnt, dann **stelle dir die Frage:** „Kann ich das jetzt ändern?" Wenn nicht, dann lass los und drück deinen mentalen Spülknopf. Denn wie Epikur sicher gesagt hätte:

**„Wahre Freude ist, wenn du loslassen kannst – und zwar in jeder Hinsicht."**

### Die Kack-Reflexion der Woche

Welche **einfachen Freuden** möchtest du diese Woche bewusst genießen?

______________________________________

______________________________________

# Woche 39

## Affirmation der Woche

„

**Auch kleine Veränderungen haben die Kraft, große Dinge in Bewegung zu setzen.**

“

Nichts ist zu groß für mich...

# Struktur ist alles!

## Meine perfekte Choreografie

Bereit für eine Reise ins Reich der **Chaos-Theorie** – und ja, das betrifft auch deinen Porzellanthron.

Du fragst dich vielleicht, was Schmetterlinge, Orkane und Kloschüsseln gemeinsam haben?

**Die Antwort lautet:** alles!

Edward Lorenz, der Vater der Chaos-Theorie, hat einmal gesagt, dass der Flügelschlag eines Schmetterlings in Brasilien einen Tornado in Texas auslösen kann. Und wer sind wir, zu bezweifeln, dass der Spülknopf in deinem Badezimmer den Lauf der Weltgeschichte beeinflusst? Ein kleiner Knopfdruck – zack! – und du hast gerade die **Zukunft verändert**. Aber lass uns diese hübsche Theorie auf die heilige Kunst des Kacken anwenden. Stell dir vor, du verlässt das stille Örtchen, ohne die Bürste zu benutzen. Klingt im ersten Moment harmlos, oder?

Doch genau das könnte der erste Dominostein sein, der eine Katastrophe auslöst: Dein Arbeitskolleg kommt herein, schreit entsetzt auf, verlässt fluchtartig das Klo, kündigt seinen Job, und am Ende kollabiert die Weltwirtschaft. **Siehst du, was passieren kann?** Einmal unachtsam die Kacke am Porzellan kleben lassen, und schon bist du der Urheber deines persönlichen Schmetterlingsflügel-Szenarios.

**Was lernen wir daraus?** Versuche stets der Katalysator für das Gute zu sein. Kleine Veränderungen – ein separater Griff zur Klobürste, ein dezentes Abdrücken, ein Hauch von Vanille-Raumspray – können einen großen positiven Effekt auf deine Umwelt haben. Chaos-Theoretiker wissen: Nichts ist unbedeutend. Selbst der kleinste Akt des Respekts kann eine Kette positiver Veränderungen auslösen. Du reinigst das Klo – dein Mitbewohner freut sich – und plötzlich gibt es Frieden im Haushalt und Länder hören auf, sich zu bekriegen. Wenn du das nächste Mal auf deinem Thron sitzt, denke daran:

Jeder Furz, jeder stinkende Kackhaufen, oder jeder Akt der Sauberkeit hat das Potenzial, Großes zu bewirken. Vielleicht bleibt die Welt chaotisch, aber dein Badezimmer muss es nicht sein – denn mit jedem Schwung mit der Klobürste verwandelst du Chaos in Harmonie und Wohlgefallen.

## Die Kack-Reflexion der Woche

Welche **kleinen Taten** – ob im Badezimmer oder im Alltag – könntest du diese Woche tun, um vielleicht nicht die Welt, aber zumindest das Leben deiner Mitmenschen etwas besser zu machen?

________________________________________

________________________________________

# Woche 40

## Affirmation der Woche

”

Ich bin mehr als
die Summe meiner Teile –
selbst im größten
Chaos finde ich Harmonie.

“

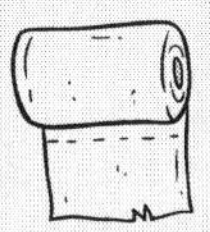

*Mehr als vollkommen...*

## Die Summe aller Teile!

### Alles ergibt einen Sinn...

Wow, Woche 40 – was für ein wildes Kack-Abenteuer wir bisher hatten! Aber halt dich fest, diese Woche wird tiefgründig. Wir reden über Chaos. Und nein, nicht nur das Chaos deines letzten Thronbesuchs, sondern das große Ganze. Die **Gestaltpsychologie** sagt:

„Das Ganze ist mehr als die Summe seiner Teile."

Und ganz ehrlich, wo zeigt sich das besser als auf deinem stillen Örtchen? Der Ort, an dem Spülknöpfe klemmen, Klopapierrollen leer sind, und dein Darm dir trotzdem sagt: **„Wir ziehen das jetzt durch."**

Du sitzt also da, umgeben von Chaos – einer leeren Klopapierrolle hier, ein explosiver Durchfall da, und vielleicht läuft der Spülkasten auch schon wieder über.

**Und doch:** Wenn du das alles zusammen nimmst, ergibt es am Ende Sinn. Dein Badezimmer ist ein Mikrokosmos deines Lebens. Und du? Du bist der Maestro, der das alles orchestriert, auch wenn es manchmal mehr wie eine Kakofonie klingt (im wahrsten Sinne des Wortes).

Kurt Koffka, einer der Väter der Gestaltpsychologie, hat gesagt: „**Das Ganze ist etwas anderes als die Summe seiner Teile.**“

**Was heißt das für dich?** Selbst wenn dein letzter Klo-Gang ein Drama à la Tarantino war, bist du mehr als das.

Der braune Fleck auf der Brille?
**Nur ein Teil.**
Der gelbe Urinabdruck in deiner Unterhose?
**Auch nur ein Teil.**

**Aber du?** Du bist das große Ganze. Der Regisseur, der aus kleinen Kack-Teilen ein großes Meisterwerk schafft. Und hey, manchmal fühlt sich das Leben an wie ein Puzzle, bei dem ein paar Teile fehlen. Vielleicht passt nicht alles auf Anhieb zusammen. Vielleicht liegt die Klorolle unter dem Waschbecken und du erreichst sie nicht, ohne mit klebrigem Arsch aufzustehen.

**Aber rate mal?** Am Ende ergibt das alles Sinn. Du bist nicht derjenige, der, nachdem er einen Riesenhaufen gekackt hat, die Spülung betätigt und betet, dass er durch den Abfluss passt.

**Die Lektion dieser Woche:** Chaos ist nicht dein Feind. Auch wenn dein Badezimmer aussieht wie ein postapokalyptischer Kriegsschauplatz, verbirgt sich dahinter Harmonie.

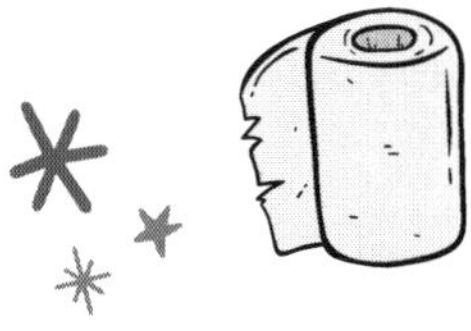

**Es geht nicht darum, dass alles perfekt sein muss.** Es geht darum, zu erkennen, dass selbst im größten Klo-Chaos am

Ende nur eins zählt:

- Spülen,
- lächeln
- und weitermachen

– denn du bist mehr als nur die Summe deiner Kack-Unfälle!

**Die Kack-Reflexion der Woche**

Wenn dein Badezimmer dein
Leben widerspiegelt, was kannst du tun,
um aus dem **Chaos mehr Ordnung**
und Harmonie zu schaffen?

______________________________

______________________________

______________________________

# Woche 41

## Affirmation der Woche

”

**Was ich heute tue,
ist ein kleiner Schritt
für mich, aber ein großer
Schritt für meinen
inneren Frieden.**

“

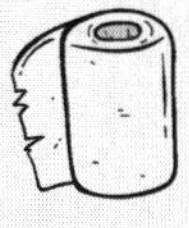

*Auch kleine Dinge erleichtern...*

# Der Pragmatismus-Guru

## Schätze den Prozess

Willkommen in Woche 41, der Woche, in der wir mit **Pragmatismus** das große Loslassen feiern – Schritt für Schritt. Pragmatismus, was ist das? Ganz einfach: es handelt sich um keine komplexe Denkschule, sondern um die Maxime: Mach einfach! William James, der Pragmatismus-Guru, hätte dir zugerufen:

„Die Wahrheit ist das, was funktioniert.“

Und mal ehrlich, was funktioniert zuverlässiger, als gelassen einen abzukacken? Betrachte jeden Klogang als eine kleine Schule des Pragmatismus.

**Da sitzt du, mit einem klaren Ziel:** drücken, entspannen und Frieden finden. Du benötigst keine hochtrabenden Theorien und keinen Hirnschiss, denn du hast die Gewissheit, dass jeder Spülgang zählt. Klar, es fühlt sich manchmal an, wie ein kleiner, banaler Schritt – besonders wenn es länger dauert, bis alles flutscht – aber am Ende ist es ein großer Schritt für dich und dein Wohlbefinden.

John Dewey, ein Vordenker des Pragmatismus, hätte gesagt: **„Leben und Kacken sind ein fortwährender Prozess.“**

Genau das ist die Magie deines Klo-Alltags:

Jeder Gang, jede Spülung sind ein kleiner Teil eines größeren Prozesses – einer Reise zu innerer Ruhe und Gelassenheit.

Du bist nicht hier, um dir den Kopf zu zerbrechen, sondern um zu handeln. Abdrücken, wischen, spülen, fertig – und schon ist die Welt ein wenig beschissener. Also, mache es dir einfach. Egal, wie klein der Schritt scheint – ob es der Griff zur Bürste ist, der Spülknopf oder das Hochziehen der Hose – **jedes Detail trägt zum großen Ganzen bei.** Keine Handlung ist zu klein, um dein Leben zu verändern und Frieden zu fördern, sei es im Badezimmer oder im Leben. Pragmatismus bedeutet, keine Dramen aus Dingen zu machen, die du mit einem beherzten Abwischen oder Bürsten bereinigen kannst.

**Denn wie der Pragmatiker William James sagen würde:**
Der Weg zum inneren Frieden beginnt mit einem kleinen Schritt – oder mit einem großen, stinkenden Kackhaufen.

## Die Kack-Reflexion der Woche

Wie kannst du pragmatisch mit den **kleinen, stinkenden Herausforderungen** des Lebens umgehen, um größere Ruhe und Gelassenheit zu finden?

______________________________

______________________________

## Woche 42

### Affirmation der Woche

”

**Auch wenn der Weg absurd und schwer erscheint, jeder Schritt bringt mich näher zu meinem Ziel.**

“

Nichts ist zu groß für mich...

## Packen wir die Leichtigkeit.

### Das Labyrinth des Lebens

In dieser Woche wird es kafkaesk (schräg), denn wir beschäftigen uns mit Kafka und der **Absurdität des Lebens.**

**Klingt bedrohlich?** Keine Sorge, wir packen das mit Leichtigkeit und Humor an. Kafka hätte deine Klo-Erfahrung auf jeden Fall zu schätzen gewusst: Du betrittst das Badezimmer wie ein Protagonist in einem seiner Romane. Der Spülkasten tropft, die Klobrille wackelt, und das Klopapier ist seltsamerweise unerreichbar, wenn du danach greifst. Es ist ein absurdes System, in dem du dich beim Kacken zurechtfinden musst. Die Klo-Situation ist der perfekte Ort, um Kafkas Welt zu verstehen. Du bist der Held in deinem eigenen Prozess, gefangen zwischen der Schwere des Moments und der Hoffnung auf Erlösung.

Jeder Gang aufs Klo ist wie ein Schritt durch ein Labyrinth: Mal ist es einfach, mal dauert es länger, mal stehst du am Ende vor einer Verstopfung und kannst nicht weiter. Doch selbst im größten Chaos gibst du nicht auf, sondern gehst mutig weiter. Jeder Schritt bringt dich näher an dein Ziel – endlich Kacken zu können und Erleichterung zu finden. Kafka lehrte uns, dass das Leben oft absurd und unlogisch ist. Das bedeutet nicht, dass es sinnlos ist – nur, dass du den Sinn selbst finden musst. Genau wie in seinen Romanen gibt es keine klaren Antworten, keine perfekten Lösungen.

**Am Beispiel der Verstopfung:** Du musst in der Situation herausfinden, was funktioniert. Vielleicht stellst du dich auf die Klobrille und hockst dich nieder. Oder du nimmst einen Löffel Rizinusöl ein. Was immer für dich am zuverlässigsten funktioniert. Niemand kann es dir vorgeben. Gelegentlich findest du dich in engen Gängen wieder (oder in einem kleinen, stickigen Klo, das bis obenhin vollgeschissen ist), und doch: Du gibst nicht auf, sondern schreitest mutig voran (oder setzt dich mutig auf den vollgeschissenen Porzellanthron). Alles, was im Leben zählt – nach Kafka – ist die Beharrlichkeit, unbeirrt weiterzugehen – oder zu drücken.

**Was lernst du in dieser Woche?** Akzeptiere die Absurdität. Egal, wie wackelig der Klodeckel ist oder wie hartnäckig die Verstopfung, du bewegst dich durch das Kack-Labyrinth mit Würde. Der Weg mag öfter nicht erkennbar sein, die Hindernisse mögen lächerlich wirken, aber jeder Schritt ist ein bewusster Akt des Werdens. Deine Klo-Momente werden zu einem Symbol für die Reise des Lebens – unbequem und beschissen, aber unvermeidlich.

## Die Kack-Reflexion der Woche

Wie gehst du mit den **absurden und schrägen** Momenten in deinem Lebens um?

________________________________________

________________________________________

# Woche 43

## Affirmation der Woche

”

**Selig bin ich,
wenn ich loslasse,
denn dann finde ich
Erleichterung.**

“

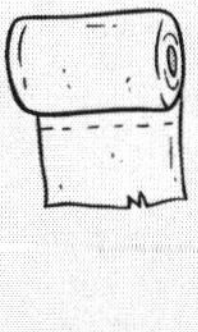

Auch kleine Dinge erleichtern…

# Ein spiritueller Akt.

## Leicht und frei am stillen Örtchen

In dieser Woche wird es heilig – zumindest auf deinem Porzellanthron. **Lass uns ehrlich sein:** Wenn es einen Ort gibt, an dem du dich den Seligpreisungen der Bergpredigt annähern kannst, dann ist es hier.

**Warum?** Weil Loslassen nicht nur ein spiritueller Akt ist, sondern eben auch ein sehr körperlicher.

**Und das Beste?** Beide Arten des Loslassens führen zur Glückseligkeit. Jesus sprach in der Bergpredigt zu einer riesigen Menschenmenge – und forderte Demut, Frieden und Reinheit des Herzens.

Aber stell dir vor, er hätte stattdessen in deinem Badezimmer gesprochen. Er hätte vielleicht gesagt: **„Selig sind die, die sich auf dem stillen Örtchen ganz dem Kacken hingeben, denn sie werden leicht und frei.“**

Und ja, damit hätte er recht. Der Weg zur inneren Ruhe führt über die Bereitschaft, alles abzugeben – sowohl den seelischen Ballast als auch… na ja, den Rest. Dein Badezimmer wird in dieser Woche demnach zu deinem heiligen Ort der Demut. Hier gibt es keine weltlichen Maskierung und Ablenkung vom Wesentlichen – sondern nur dich, deinen stinkenden Arsch und das ehrliche, befreiende Gefühl des Loslassens; ehrlicher geht es nicht. Du gibst ab, was nicht mehr zu dir gehört, und findest Frieden in deinem Herzen. Die Demut, von der Jesus in seiner Bergpredigt spricht, zeigt sich beim Kacken besonders schön: Denn es ist ein Akt der völligen Hingabe.

Du bist bereit, nichts festzuhalten, was dich beschwert, und mit jeder Spülung erreichst du die Glückseligkeit. Versuche in dieser Woche jeden Gang auf deinen Porzellanthron als heiligen Akt zu betrachten.

Sei **dankbar** für die Momente des Loslassens, egal ob sie laut, leise, einfach oder kompliziert sind. Denn wie Jesus gesagt hätte:

„Wer **loslässt**, wird empfangen –
und wer kackt, wird **erleichtert**."

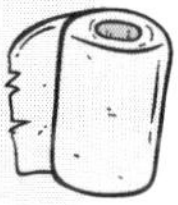

## Die Kack-Reflexion der Woche

Welche Dinge trägst du noch
mit dir herum, die längst ins gelobte
**Abflussland** gehören?

______________________________

______________________________

## Woche 44

Affirmation der Woche

„Kacke und werde -
denn nur wenn ich loslasse,
kann ich echte Freiheit
erlangen."

Ich werde zum Freigeist...

# Drücken und Werden

## Der poetische Ort der Veränderung

Erinnerst du dich noch an Goethe aus deiner Schulzeit?

Keine Angst, hier findest du keine komplizierten Interpretationen seiner Werke, oder Fragen zum „Faust", sondern wir kommen direkt zum **Wesentlichen**. Goethe schrieb in seinem berühmten Gedicht: „Stirb und werde!" Was für eine tiefgründige Aufforderung zur Veränderung.

**Aber seien wir ehrlich:** Hätte er öfter über den Druck beim Kacken gesprochen, der dem Ganzen vorausgeht, hätte man ihn vermutlich besser verstanden. Denn echte Transformation beginnt auf dem stillen Örtchen. Du sitzt auf deinem Thron, die Welt auf deinen Schultern (oder die Fertigpizza in deinem Bauch) und spürst den schmerzlichen Ruf der Veränderung.

**Goethe würde nicken:**
„Das Drücken ist die Voraussetzung des Werdens."

In diesem Moment befindest du in einer Art Metamorphose – wie der Schmetterling in Goethes Gedicht, der sich zunächst von allem Ballast befreien muss, bevor er sich erneut frei und leicht über die Welt erheben kann.

Diese Woche ist die Toilette dein poetischer Ort der Veränderung, von der Goethe sprach. Du lässt los, was auf dir lastet, und schaffst Platz für neue Möglichkeiten.

Der Gang auf die Toilette mag sich für dich wie ein kleiner Schritt anfühlen, aber in Wahrheit ist es ein radikaler Akt der Erneuerung. Jedes Mal, wenn du dich auf deinen Thron niederläss und abdrückst, kommt es einem Faust-Kampf gegen den inneren Mephisto gleich.

Die Poesie von **„Kacke und werde“** liegt darin, dass du dich nicht vor dem Loslassen fürchten musst. Goethe selbst hätte gesagt: **„Was hältst du fest, oh Mensch? Denn nur, wenn du beim Kacken entspannst und loslässt, wirst du, der du werden musst.“** Oder um es mit Mephisto aus dem Theaterstück „Faust I“ zu sagen:

> „Ich bin ein Teil von jener Kraft, die stets den Druck erzegt und stets die Erleichterung schafft.“

## Die Kack-Reflexion der Woche

Woran klammerst du dich noch, obwohl es Zeit ist, es **loszulassen** – sei es auf dem Thron oder im Leben?

______________________________

______________________________

## Woche 45

**Affirmation der Woche**

„Selbst im größten Druck finde ich meinen inneren Rhythmus – und lasse alles leicht und harmonisch fließen."

Leicht, harmonisch & rhytmisch...

## Die große Opernbühne

Ich bin ein genialer Komponist.

In dieser Woche verwandeln wir deinen stillen Thron zur großen Opernbühne und du wirst zum Mozart des Kackens. Das Hauptthema dieser Woche ist, nicht nur loszulassen, sondern das mit **Stil und Eleganz** zu tun. Egal, wie groß der Druck ist – dein Ziel ist es, daraus eine Symphonie der Gelassenheit zu machen, die mit einem harmonischen Plopp endet. Mozart selbst war ein großer Freund des eleganten Kackens. Seine Musik zeigt uns, wie man auch in den chaotischsten Momenten einen Rhythmus findet.

**Denk an Eine kleine Nachtmusik:** Klar und fließend – genau so sollte dein Rhythmus beim Kacken sein. Du musst keine Panik schieben. Finde deinen inneren Takt, atme tief ein, entspanne dich und lass es genussvoll fließen.

Natürlich gibt es Tage, an denen das Leben eher wie eine Don Giovanni-Arie wirkt – voller Drama, Verstopfungen und einer übergehenden Kloschüssel. Aber selbst dann kannst du dich an Mozarts Humor erinnern:

**„Viva la libertà!“ (Es lebe die Freiheit!) Selbst im größten Chaos liegt eine Leichtigkeit, du musst sie nur erkennen.**

Betrachte dich in dieser Woche wie ein genialer Komponist des Kackens. Die Rohre summen wie ein Orchester, der Spülknopf ist dein Taktstock, und jeder Schwall ist ein triumphales Finale.

**Auch wenn es mal nicht auf Anhieb klappt – was soll's?**

Mozarts Opern hatten auch mal vertrackte Wendungen, bevor alles sich in Wohlgefallen auflöste. Was lehrt uns Mozart also bezüglich der großen Kunst des Kackens?

Druck ist nichts, vor dem du Angst haben musst. Schmerz auch nicht. Beides sind der Motor, der deine innere Symphonie zum Erklingen bringt. Egal, ob du dich wie ein sanfter Walzer fühlst oder wie eine dramatische Symphonie **– es geht nicht um Perfektion.** Es geht darum, den Moment zu spüren und mit Leichtigkeit loszulassen.

**Oder um es mit den Worten von Mozart auszudrücken:**
„Spür die göttliche Musik und lass es fließen – ein Maestro scheißt nicht, er komponiert!"

## Die Kack-Reflexion der Woche

Wie kannst du selbst im größten Stress einen ruhigen Rhythmus beibehalten und das **Leben leichter fließen** lassen?

# Woche 46

Affirmation der Woche

”

**Ich lasse mich nicht von äußerem Druck kontrollieren.**

“

Nur mein Wille zählt …

# Meine Kack-Revolution

## Zeig dem System den Mittelfinger

Willkommen in Woche 46, in der wir den stillen Ort zur Bühne für deine persönliche Systemkritik machen. Noam Chomsky, der Meister der Enttarnung von Machtstrukturen, hätte deine zügellosen Kack-Momente sicher als Metapher für den ultimativen Akt der Selbstbestimmung gefeiert.

**„Denn was ist Freiheit?,“** hätte er gesagt, **„wenn nicht die Möglichkeit, dem inneren Druck zu folgen, statt dem, was von außen diktiert wird?“**

Die Toilette ist der Ort, an dem keine Systeme, keine Regeln und keine manipulierten Nachrichten Einfluss auf dich haben.

Egal, ob der Chef sagt: „Das Meeting dauert noch eine Stunde“ oder dein Partner draußen klopft, weil er angeblich „jetzt sofort“ herein muss – **hier gilt nur dein Rhythmus.** Du bist der Herrscher über deinen eigenen Darmstaat, der Anführer deiner Kack-Revolution.

**Chomsky sagte:**
„Um Manipulation zu vermeiden, ist es wichtig, die Quelle des Drucks zu erkennen.“

Nun, beim Kacken ist der Ursprung des Drucks eindeutig: Es ist der innere Ruf deines Körpers, und du folgst ihm nicht aus Zwang, sondern aus natürlicher Notwendigkeit.

Wenn du spürst, dass dein System rebelliert, dann bist du nicht Opfer – du bist der Rebell (indem du gestern Abend noch den Chili-Döner verspeist hast). Du kackst nicht, weil es von dir verlangt wird, sondern weil es deiner inneren Wahrheit entspricht.

**Die Lektion dieser Woche?** Mach es wie Chomsky: Frage dich, wer oder was wirklich Kontrolle über dich ausübt. Nutze dann den Moment des Kackens, als den ultimativen Moment des Widerstands gegen äußeren Druck. Lass die manipulierten Stimmen draußen, die dir vorschreiben wollen, wann und wie du loslassen sollst. Vertraue beim Kacken dir und deinem Körper und zeige dem System frech den Mittelfinger. Denn wie Chomsky sicher auf dem Thron frech verkündet hätte:

**„Echte Freiheit beginnt dort, wo du dem System ins Abflussrohr scheißt.“**

## Die Kack-Reflexion der Woche

Wie kannst du deinem **inneren Kack-Rebell** freien Lauf lassen und dem System dabei stolz den Mittelfinger zeigen?

## Woche 47

**Affirmation der Woche**

„Nur wenn ich den Druck bewusst durchlebe, finde ich den Fluss, der mich zur inneren Quelle führt."

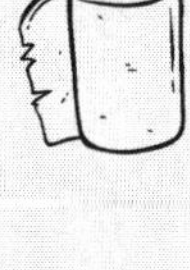

Der Ursprung der Quelle...

# Der Weg zur Erleuchtung.

## Die Freuden des Lebens

Willkommen in Woche 47 – der Woche, in der du zum wahren Siddhartha deines Badezimmers wirst! Kein leichter Weg zur Erleuchtung, mein Freund. Nein, nein,

**Hermann Hesse hätte dich gewarnt:** Den Pfad zur Weisheit beschreitet man nicht, ohne Schmerzen und Druck zu erfahren. Und was eignet sich besser, um Druck zu spüren und ihn in befreiendem Fluss enden zu lassen, als dein täglicher Kack-Moment?

In Siddhartha von Hermann Hesse musste der Titelheld den Schmerz und die Freuden des Lebens selbst erfahren, um zur Erkenntnis zu gelangen.**Und du?** Du musst den Druck in dir spüren, ihn annehmen, und erst dann wirst du die Befreiung erleben. Klingt das etwas dramatisch für eine Sitzung auf dem stillen Örtchen? Ja, vielleicht.

**Aber Hesse hätte dir gesagt:** „Auch das Kleinste, das uns widerfährt, ist ein Wegweiser."

Und, na ja, wenn der Wegweiser auf den Thron zeigt, dann nimm ihn ernst! Siddhartha hat den Fluss des Lebens in seiner vollen Kraft verstanden. Und so wie er den Fluss meditativ beobachtete, kannst auch du den inneren Fluss nicht erzwingen – du musst den Moment erleben, den Druck durchlaufen lassen.

**Denn, wie Hesse wohl sagen würde:**
„Es ist nicht der Weg, der dich führt, sondern das Erleben dessen, was der Druck in dir erzeugt.“

Manchmal erfordert dies Geduld und manchmal Erstaunen. **Deine Aufgabe für diese Woche:** Spüre den Druck bewusst in dir ansteigen, nimm ihn an, und lass ihn schlussendlich sanft los. Der Weg zur Erleichterung führt nicht über das verkrampfte Drücken, sondern über das bewusste Erleben und Entspannen. Denn, wie Hesse uns in Siddhartha lehrte, musst du zunächst durch das Kack-Inferno hindurch, um den Fluss der Erleuchtung zu erreichen. Und wenn du die Erlösung auf dem Thron in seiner vollen Pracht spürst, wirst du endlich die tiefere Weisheit des Lebens erkennen: Du hast den Druck nicht gefürchtet, du hast ihn als Teil deines Lebensweges akzeptiert. Nur so findest du den Fluss, der dich zur Quelle führt. Wie Hesse wohl gesagt hätte:

**„Man muss beim Kacken das Unmögliche wagen, um das Mögliche zu erreichen.“**

## Die Kack-Reflexion der Woche

Kannst du den Druck
in deinem Leben als Hilfe sehen,
um mehr **Klarheit und Erleichterung**
zu erlangen?

______________________________

______________________________

## Woche 48

Affirmation der Woche

”

**Ich scheiße auf die Erwartungen anderer – und zwar mit Stil.**

“

stilsicher und stolz …

# Kein unnötiger Ballast

## Scheiß auf Konventionen

Hast du schon einmal von der kakosophischen Denkrichtung **Kynismus** gehört? Die Kyniker, angeführt von Diogenes, waren die Rebellen der Antike – Leute, die es genossen, gesellschaftliche Konventionen mit einem frechen Lachen über den Haufen zu werfen. Und mal ehrlich, was könnte rebellischer sein, als auf dem stillen Örtchen alles loszulassen, was andere von dir erwarten, und auf sämtliche Konventionen zu scheißen? Diogenes war bekannt für seinen frechen Witz. Als Alexander der Große ihn fragte, was er für ihn tun könne, antwortete Diogenes: „Geh mir aus der Sonne."

Die Kyniker waren Meister darin, **falsche Werte zu durchschauen** und sie einfach wegzuspülen – wortwörtlich. Geld, Status, Perfektion? Alles weltlicher Ballast, der früher oder später im ewigen Kanal verschwindet.

Du hat ein Leben und das Wichtigste ist, frei zu sein – von gesellschaftlichem Druck und den Erwartungen anderer. Dein Klo ist der perfekte Ort, um das zu üben: Hier bist du ganz bei dir und kackst ehrlich und authentisch. Und wenn du das nächste Mal auf deinem Thron sitzt, denk an Diogenes, der in einem Fass lebte und über die Dummheit der Gesellschaft lachte.

**Was kannst du von Diogenes lernen?**
Kynismus ist keine Einladung, faul oder rücksichtslos zu sein – es ist der Mut, authentisch zu kacken und einfach du zu sein. Kritisiere, was nicht zu dir passt, und lass los, was dir nicht dient. Wenn die Erwartungen anderer wie ein Druck in deinem Bauch liegen, dann entledige dich ihrer, mit Würde und Stil. Lass Diogenes dein Vorbild sein: Lebe ehrlich, selbst wenn es andere verstört. Und wenn sich jemand wieder einmal darüber aufregt, wie lange du die Toilettenkabine blockiert hast, dann antworte ihm:

„Geh mir aus der Sonne und lass mich beim Kacken in Ruhe!“

## Die Kack-Reflexion der Woche

Wie kannst du die **Erwartungen anderer loslassen** und einfach du selbst sein?

# Woche 49

**Affirmation der Woche**

„

## Selbst der stärkste Sturm in meinem Inneren verwandelt sich beim Kacken in ruhige Poesie.

“

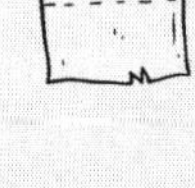

Poetische Reinigung...

# Romantik pur!

## Die sanfte Melodie des Lebens

Willkommen in Woche 49 – der Woche, in der du nicht nur den **inneren Sturm** besiegst, sondern ihn in ein wahres Kunstwerk des Lebens verwandelst.

**Die Romantik hätte dein Kack-Abenteuer geliebt:** große Gefühle, tobende Dramen, ein einsamer Held (du!) auf seinem Porzellanthron, der den Durchfall-Stürmen des Lebens trotzt – und am Ende der befreiende Frieden, der alles umhüllt. Dein Badezimmer ist jetzt nicht einfach nur ein Bad – es ist ein wildromantisches Epos.

**Stell dir vor**, Caspar David Friedrich hätte dich gemalt: Du, auf deinem Thron, der aufsteigende Wind des Kanals streicht über dein Gesicht, und die sanfte Melodie der Spülung erhebt sich wie ein erhabener Glockenton.
Ja, der innere Sturm tobt in dir. Der Druck nach dem chinesischen Mittagsmenü gestern hat sich aufgebaut wie ein epischer Gewitterhimmel. Doch was kommt nach jedem Sturm? Die Explosion und dann die Ruhe. Die sanfte Poesie, wenn der letzte braune Spritzer abgedrückt ist und das Spülung alles mit sich reißt, was dir seit Stunden Bauchkrämpfe beschwert hat. **Endlich:** frei und unbeschwert! „Dichtung und Wahrheit"?

Goethe hätte auf deinem Klo Inspiration gefunden!
**„Es rauscht im Rohr,"** hätte er geschrieben,
**„und ich werde frei."**

Die Romantiker sahen in der Natur eine Spiegelung ihrer innersten Dramen – und nichts ist natürlicher als der Rhythmus des Kackens: aufbauen, loslassen, genießen und von friedlicher Glückseligkeit eingehüllt werden. **Ich gratuliere:** Du hast beim Kacken das Geheimnis für ein gutes Leben entdeckt.

**Was kannst du von den Romantikern lernen?**
Dass der Sturm und Druck zum Leben gehört und das Loslassen eine wahre Kunstformt ist, die dich zur Freiheit führt. Denn wie Schiller vielleicht den Epos des Kackens treffend beschrieben hätte:

**„Der Sturm braust, der Donner kracht – doch erst das ruhige Spülen bringt Frieden und Glückseligkeit."**

**Die Kack-Reflexion der Woche**

Wie kannst du **innere Stürme** in Ruhe und Leichtigkeit verwandeln?

______________________________

______________________________

## Woche 50

**Affirmation der Woche**

"

Selbst in den beschissensten Momenten finde ich Sinn, indem ich das Notwendige mit Würde erledige.

"

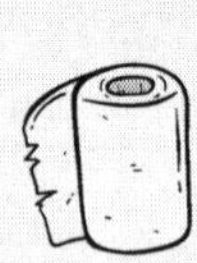

Würdevolles Kacken ...

## Kein unnötiger Ballast

### Scheiß auf Konventionen

Willkommen in Woche 50 – der Woche, in der wir mit dem Österreicher Viktor Frankl den ultimativen **Sinn des Lebens** ergründen und ja, auch des Kackens.

**Jetzt denkst du vielleicht:**
„Sinn? Beim Abdrücken? Wirklich?"

**Aber Frankl hätte dir ins Gesicht gesagt:** „Absolut! Selbst beim Stuhlgang offenbart sich uns der höhere Sinn – wenn du ihn mit Würde und einem Hauch Dramatik zelebrierst." Frankl überlebte Konzentrationslager und sah, dass selbst in den schlimmsten Situationen eine Entscheidung bleibt: **Wie gehst du damit um?**

Während dein Badezimmer kein Kriegsschauplatz ist, bietet dir dein Thron ähnliche Entwicklungsmöglichkeiten: Wirst du kläglich daran scheitern, den Druck in deinem Inneren zu bewältigen, oder wirst du erhobenen Hauptes abdrücken und dich über den banalen Scheiß des Lebens mit Würde erheben. Frankl schrieb:

„Zwischen Reiz und Reaktion liegt ein Raum. In diesem Raum liegt unsere Macht, unsere Freiheit."

**Dein Reiz?** Der unausweichliche Druck, während du im Stau steckst und weit und breit keine Toilette in Sicht. **Deine Reaktion?** Alles mit Ruhe, Stil und einer Prise Dramatik loslassen.

Oder, na ja, ein hektisches Rennen mit heruntergelassener Hose starten, weil du mal wieder zu lange gewartet hast. Die Entscheidung liegt bei dir. Vom Scheißhaufen zum Sinnhaufen. Seien wir ehrlich: Das Leben serviert dir des Öfteren einen gewaltigen Haufen – im wörtlichen und metaphorischen Sinne. **Aber Frankl hätte gesagt:** „Es geht nicht darum, was in der Schüssel landet, sondern wie du es dorthin bringst." Du bist der Dirigent deiner Klo-Symphonie, der Philosoph des Loslassens.

Erschaffe daraus keine Tragödie, sondern eine triumphale Komödie. Jede Sitzung ist deine Chance, mit Würde zu kacken – und dann die Bürste zu schwingen wie ein verdammter König sein Zepter. Denn wie Frankl es formuliert hätte:

**„Und trotzdem Ja zum Scheißen sagen – denn darin liegt der Weg zur Freiheit und zum Sinn des Lebens."**

### Die Kack-Reflexion der Woche

Wie kannst du selbst im größten Scheißmoment des Lebens einen **Sinn finden** und ihn in einen Akt der Würde und Befreiung verwandeln – mit erhobenem Haupt und vielleicht einem triumphalen Spülen?

# Woche 51

## Affirmation der Woche

”

Ich lasse los, ohne Rücksicht auf Erwartungen – denn wahre Freiheit beginnt dort, wo ich einfach ich selbst bin.

“

Ohne Erwartungen lebt sich leicht …

## Loslassen auf einen neuen Level.

Ich halte nichts zurück!

Willkommen in Woche 51 – der Woche, in der du mit Simone de Beauvoir den Akt des Kackens als ultimativen **Ausdruck der Befreiung** feierst. Die große Existenzialistin hätte keine Hemmungen gehabt, sich der Frage zu stellen: **„Was macht uns beim Kacken wirklich frei?"** Und die Antwort hätte lauten können: **„Alles loszulassen, was uns belastet – auf jedem Level."**

De Beauvoir schrieb in „Das andere Geschlecht":
**„Man wird nicht als Frau geboren, man wird es."**

**Genauso könnte man sagen:** Man wird nicht als Meister des Kackens und Loslassens geboren – man wird es, indem man sich von Erwartungen, Konventionen und, na ja, dem großen inneren Druck befreit. Auf dem stillen Örtchen sind wir alle gleich. Hier gibt es keine Geschlechterrollen, keine sozialen Masken, nur die nackte Wahrheit: Jeder muss kacken, einmal still, einmal laut, und das ist pure Gleichberechtigung.

Der Porzellanthron ist ein Symbol der **Loslösung von all dem, was die Gesellschaft uns aufzwingt.** Wer sagt, dass man sich auf dem stillen Örtchen beeilen muss, weil die Welt draußen wartet? Wer behauptet, dass deine Geräusche leise sein sollten oder du dich für den Geruch schämen musst?

**Simone hätte dir gesagt:**
„Die Welt wird dich immer bewerten – aber du entscheidest, ob es dich berührt, oder ob du darauf scheißt."

In einem Akt des Loslassens gibt es keine Unterschiede – nur den universellen menschlichen Wunsch, frei und leicht aufzustehen. Es ist der ultimative Schritt zu sagen: „Ich halte nichts zurück, was mich schwer macht – weder im Bauch noch im Leben." Simone hätte es als eine Art philosophischen Triumph gefeiert: Loslassen ist ein Akt des Widerstands gegen Zwänge, Konventionen und gesellschaftlichen Druck. Was können wir also von der frechen französischen Denkerin lernen?

Sei mutig und gib einen Scheiß, was andere von dir denken – im Badezimmer und im Leben. Denn wie Simone de Beauvoir (fast sicher) gesagt hätte:

**„Authentizität beginnt mit dem Mut, laut zu kacken – und sich nicht dafür zu entschuldigen."**

## Die Kack-Reflexion der Woche

Wie kannst du diese Woche mutig loslassen, was dich belastet, ohne dich von den Erwartungen anderer **beeinflussen** zu lassen?

______________________________

______________________________

## Woche 52

Affirmation der Woche

„Ich weiß,
dass ich nichts weiß
– außer, dass ich
kacken muss.“

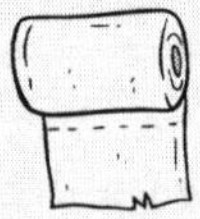

Absolut Ahnungslos...

# Die großen Lebensfragen

## Mein tiefgründiges Lebenswerk

Willkommen, mein tapferer Kack-Philosoph, zur letzten Woche unseres grandios bekackten Jahreswerks. Du hast 51 Wochen lang auf dem Porzellanthron gesessen, über Existenzialismus nachgedacht, den Sinn des Lebens und Kackens ergründet, und sogar mit Goethe und Mozart tiefgründig abgedrückt.

Jetzt, in Woche 52, kommen wir zu Sokrates – dem Urvater der Philosophie und einem Mann, der uns gelehrt hat, dass das Leben nur dann Sinn ergibt, wenn man es **gründlich hinterfragt.** Und wenn es einen Ort gibt, der dazu einlädt, die großen Lebensfragen zu ergründen, dann ist es doch der Thron! Das berühmte Motto von Sokrates war:

„Ein ungeprüftes Leben ist nicht lebenswert.“

Klingt tiefgründig, oder? Aber stell dir vor, wie er auf deinem Thron gesessen hätte, die Stirn in Falten gelegt, die Bürste wie einen philosophischen Stab geschwungen und gefragt hätte:

**„Warum kacken wir überhaupt?** Warum haben wir Durchfall und Verstopfungen? Und wohin fließt die Scheiße ab, wenn wir sie in den Kanal spülen?

**Fragen über Fragen.**

Der Thron als Ort der Kakosophie: Hier, auf deinem stillen Örtchen, bist du nach 52 tiefgründigen Wochen in deinem philosophischen Zenit. Während du diese Zeilen liest, bist du allein mit deinen Gedanken und – sagen wir es ehrlich – deinen Ausscheidungen.

Aber was macht diesen Ort so besonders?

**Sokrates hätte geantwortet:**
„Es ist die direkte Konfrontation mit der Wahrheit."

Du kannst nichts verstecken. Weder den Gestank, wenn du einen Furz abdrückst, noch die Tatsache, dass du immer wieder loslassen musst. Hier gibt es keine Masken, keine sozialen Rollen, keine Erwartungen. Hier bist du einfach nur... du selbst.

Sokrates hätte das Loslassen zum Symbol des richtigen Lebens erkoren: **„Ein Mensch ist nicht das, was er festhält, sondern das, was er loslässt."**

Und während du auf deinem Thron sitzt, mit einem triumphalen Plopp alles von dir gibst, was dir nicht mehr dient, hast du nach einem Jahr eine finale Eingebung:
Das Leben ist ein Kreislauf. Was kommt, muss gehen. Was drückt, muss weichen. Das Leben ist ein Kreislauf aus Festhalten und Loslassen. Der Thron ist dein Prüfstein.

Nimm dir den Mut, zu hinterfragen, was dich belastet, und den Mut, es immer wieder loszulassen – im Badezimmer und im Leben. Denn wahre Weisheit beginnt dort, wo du mit einem Lächeln auf dem Gesicht die Spülung betätigst und mit Erleichterung die Toilette verlässt.

## Die Kack-Reflexion der Woche

Ein letztes Mal:

Welche **Erkenntnisse**
hast du in diesem Jahr des grandiosen
Kackens und Nachdenkens über die
Geheimnisse des Lebens gewonnen?

## Herzlichen Glückwunsch zum Doktortitel der Kakosophie!

Und so, meine tapferen Kack-Philosophen, sind wir am Ende unserer spannenden Reise angelangt. 52 Wochen voller Weisheit, Witz und unvergesslicher Kack-Momente auf dem Porzellanthron. **Was haben wir gelernt?** Dass das Leben ein ewiger Kreislauf ist: drücken, loslassen, spülen, wiederholen. Aber nicht etwa sinnlos! Nein, ihr seid jetzt die erhabenen Meister einer neuen Denkschule – der Kakosophie, der edlen Kunst, das Leben (und den Darm) leicht zu nehmen.

Die Kakosophie lehrt uns, dass wahre Freiheit nicht darin liegt, den perfekten Haufen zu hinterlassen, sondern darin, ihn mit Würde und einem Augenzwinkern loszulassen. Du hast mit Nietzsche gedrückt, mit Sartre gespült, mit Simone de Beauvoir gegen Geschlechterrollen gekackt und mit Frankl den Sinn selbst im größten Sch... entdeckt.

**Am Ende bleibt die wichtigste Lektion von allen:** Jeder muss, keiner spricht darüber, aber wer es mit Humor tut, hat das Leben verstanden und wahre Weisheit erlangt. Also, mein geschätzter Klo-Meister, verlasse erhobenen Hauptes deinen stillen Tempel, lass die Bürste sanft über dir kreisen und verkünde der Welt mit einem triumphalen Lächeln: „Ich scheiße, also bin ich."

Das ist die Quintessenz der Kakosophie.
Möge dein Porzellanthron dir immer treu bleiben – und dir das Klopapier niemals ausgehen!

Also denke immer daran:

# Carpe den Lufterfrischer!

(Nutze den Lufterfrischer)

1. Auflage 2024

ISBN: 978-3-9519743-2-3

**herausgegeben durch:**
Ausgefuchst Verlag
Andrea Pfleger
Dr.-M-Schlagergasse 111
8225 Pöllau

**Text und Inhalt:** Luca Holm
**Covergestaltung und Buchsatz:** Andrea Pfleger

Printed in Poland
by Amazon Fulfillment
Poland Sp. z o.o., Wrocław

44179791R00096